Guttentag'sche Sammlung
Nr. 99. Deutscher Reichsgesetze. Nr. 99.
Text-Ausgaben mit Anmerkungen.

Die Abkommen der Haager Friedenskonferenzen, der Londoner Seekriegskonferenz nebst Genfer Konvention.

Text-Ausgabe mit Einleitung, Anmerkungen, Personen- und Sachregister

von

Dr. jur. Hans Wehberg
in Düsseldorf.

Mit Vorwort von Professor Dr. Zorn-Bonn.

Berlin 1910.
J. Guttentag, Verlagsbuchhandlung,
G. m. b. H.

Vorwort.

Die erste Haager Friedenskonferenz vom Jahre 1899 wird für alle Zeiten als ein Markstein, vielleicht späterhin als der Mittelpunkt in der Geschichte des Völkerrechtes erscheinen. Was bis dahin subjektive Weisheit der Buchgelehrten, höchstens zwischenstaatliches Recht einzelner Staaten und nur in ganz wenigen Punkten allgemein verbindliches Weltrecht, wirklich juristisches Völkerrecht, gewesen war, wurde nun in weitem Umfange mit diesem großen und großartigen Rechtscharakter ausgestattet in Form zweier umfangreicher „traité mondial", wie auf der zweiten Friedenskonferenz der erste deutsche Delegierte, Freiherr Marschall von Bieberstein, den technischen Ausdruck für solche Staatsverträge prägte.

Nicht der ganze Rechtsstoff wurde „kodifiziert"; es ist noch unendlich viel zu tun für spätere „Friedenskonferenzen", ich hebe als Beispiele nur die quaestio diabolica der mehrfachen Staatsangehörigkeit („sujets mixtes") und die Verschiedenheit der Konsulargesetzgebungen hervor. Aber dennoch hat die erste Friedenskonferenz eine große Tat für die ganze zivilisierte Welt geleistet, indem sie, ganz nach Hugo Grotius, ein jus belli: die Kriegsrechtskonvention, und ein jus pacis: die Schiedsgerichtskonvention, schuf. Dies Werk war eine welthistorische Tat, und daß es dies ist, wird im Verlaufe der weiteren Entwickelung des Völkerrechtes immer mehr hervortreten.

Demgegenüber hat die zweite Friedenskonferenz von 1907, wie dies auch Freiherr v. Plener bei der Berliner Tagung der Interparlamentarischen Union hervorhob, weder das Ansehen noch den Erfolg der ersten Friedenskonferenz zu gewinnen vermocht. Sie hat das Werk der ersten Konferenz weitergeführt, indem sie die beiden großen Weltverträge der ersten Konferenz teils verbesserte und ergänzte, teilweise aber auch — ich spreche dies ungescheut als meine feste wissenschaftliche und politische Überzeugung aus — ganz bedenklich verschlechterte. Ich denke hierbei in erster Linie an Artikel 3 der neuen Kriegsrechtskonvention und an Artikel 53 der neuen Schiedsgerichtskonvention, die ich für direkt verhängnisvoll halte. Der juristische Formalismus drängte sich hier in Gebiete ein, die ihm nach der Natur der internationalen Beziehungen verschlossen bleiben müssen.

An die Stelle der Staatsverträge von 1899 sind nun getreten bzw. sollen treten neue Staatsverträge von 1907. Die Grundlagen des großen Werkes von 1899 sind allerdings unversehrt erhalten geblieben. Außerdem hat die zweite Friedenskonferenz ein neues großes Werk in Angriff genommen, das dann die Londoner Konferenz vom Dezember 1908 bis Februar 1909 erfolgreich weiterführte: die Kodifikation des Seekriegsrechtes. Daß auf diesem schwierigen und vielbestrittenen Gebiete auf den beiden genannten Konferenzen hervorragende Arbeit geleistet und ein unerwartet großer Erfolg, insbesondere durch die Londoner Deklaration und die Haager Prisenkonvention, erreicht wurde, muß lebhaft und aufs wärmste anerkannt werden.

Im zweiten Stück des Reichsgesetzblattes von 1910 sind die auf der zweiten Friedenskonferenz beschlossenen Konventionen, ausgenommen die Prisenkonvention, nach erfolgter kaiserlicher Ratifikation verkündigt. Den Charakter von allgemein verbindlichem Weltrecht allerdings haben sie noch nicht gewonnen, denn erstens ist die Ratifikation von vielen Konferenzstaaten noch nicht erfolgt, und zweitens sind die meisten der verkündeten Konventionen mit Vorbehalten verschiedenster Art und von den verschiedensten Staaten bepackt. Dies ergibt für die formale Jurisprudenz nicht allein einen Torso, sondern einen Wirrwarr schwerer, fast unlöslicher juristischer Streitfragen.

Aber wir dürfen und müssen uns auf eine höhere Warte als die der formalen Jurisprudenz stellen. Für die Wissenschaft kann die Feststellung genügen: Auf den beiden Haager Friedenskonferenzen und der an die zweite anschließenden Londoner Konferenz wurde eine gewaltige völkerrechtliche Arbeit geleistet, wie solche in der Geschichte der Menschheit bis jetzt überhaupt noch nicht getan wurde.

Nunmehr hat die Arbeit der Wissenschaft einzusetzen. Und schon ist die Wissenschaft in allen Kulturstaaten eifrig am Werke. In seinem ausgezeichneten Werke hat Meurer in zwei Bänden die Ergebnisse der ersten Konferenz verarbeitet, und ich darf für das Kriegsrecht die Arbeit von Albert Zorn anfügen; später hat Otfried Nippold eine wertvolle Weiterführung dieser Arbeiten gegeben. Aber ein reiches, fast überreiches Feld harrt noch der Bebauung, und die monographische Durchdringung der Konferenzarbeiten steht, so wertvoll einige dieser Anfänge sind, noch in den Anfängen. Für diese wissenschaftliche Weiterarbeit, die große und schwere Aufgaben zu erfüllen hat, ist eine handliche Textausgabe der in Betracht kommenden Staatsverträge unbedingtes Bedürfnis; auf der amtlichen Grundlage dieser Urkunden muß die wissenschaftliche Untersuchung fußen.

Die deutsche Arbeit auf dem Gebiete der Theorie des Völkerrechtes war nicht unbedeutend, aber doch nicht bahnbrechend. Erst in neuester Zeit hat die deutsche Wissenschaft auf diesem Gebiete den Wettbewerb mit den anderen Nationen ernstlich und erfolgreich begonnen. Auch auf unseren Universitäten und in der Schablone unserer juristischen Vorbildung ist der dem Völkerrecht zugewiesene Platz und Raum ungenügend. Daß diese Tatsache auch für die Praxis unseres internationalen Lebens sehr ungünstig wirkt, wird keinem aufmerksamen Beobachter unseres Staatslebens zweifelhaft sein.

Möge die nachfolgende Zusammenstellung der Haager Staatsverträge von 1907 reiche Anregung für die Wissenschaft bieten und viele tüchtige Kräfte für diese, in gewisser Weise interessanteste Arbeit auf dem Gebiete der Rechtswissenschaft gewinnen. Daß sie ein wertvolles Rüstzeug der Praxis sein wird, versteht sich von selbst. So mögen die besten Wünsche diese Sammlung begleiten und dem Völkerrecht auch in denjenigen juristischen Kreisen Beachtung und Verständnis erringen, für welche das internationale Recht bis jetzt Graeca war, quae non leguntur.

Bonn, April 1910.

Philipp Zorn.

Inhalt.

Einleitung.

Die Vorgeschichte der ersten Haager Friedenskonferenz.

Die erste Haager Friedenskonferenz von 1899 verdankt ihre Einberufung einem Rundschreiben des russischen Ministers des Äußeren, Grafen Murawieff, der am 24. August 1898 den in St. Petersburg beglaubigten Vertretern der Mächte eine Konferenz vorschlug, um im Wege des Rüstungsstillstandes einen wahrhaften und dauernden Frieden zu sichern.

Soweit die bisherigen Nachforschungen feststellen konnten, ist jenes Manifest auf die persönliche Initiative des russischen Zaren zurückzuführen, der bereits 1896 den Staatsrat v. Basily an dem Budapester Kongresse der Interparlamentarischen Union, einer Vereinigung zahlreicher Parlamentarier der meisten Länder zur Förderung der Schiedsgerichtsbarkeit usw., hatte teilnehmen und sich von ihm über den Verlauf der Versammlung hatte Bericht erstatten lassen. Zar Nikolaus II. war vor allem durch Staatsrat v. Bloch, den Verfasser eines sechsbändigen Werkes über den „Krieg“, sowie durch Berta

v. Suttners Roman „Die Waffen nieder“ und andere pazifistische Schriften beeinflußt worden. Die Idee einer Verminderung der Rüstungen auf dem Wege einer Staatenkonferenz hatte bereits Napoleon III. gehabt, dessen Plan zur Einberufung einer europäischen Konferenz über die Abrüstungsfrage an dem Widerstande der Großmächte trotz eines wiederholten Versuches gescheitert war.

Nachdem das erste Rundschreiben bei allen Regierungen eine sehr kühle Aufnahme gefunden und sogar v. Martens, der große Völkerrechtslehrer Rußlands, jenen Plan für aussichtslos erklärt hatte, hielt es die russische Regierung für angebracht, den Mächten ein neues Programm vorzulegen, in dem noch andere, aussichtsreichere Vorschläge als in dem ersten Rundschreiben enthalten waren. Man beauftragte mit der Ausarbeitung dieses Programms v. Martens, durch den bereits die Brüsseler Konferenz von 1874, deren Resultate die Billigung der Mächte nicht gefunden hatten, ins Leben gerufen worden war. v. Martens setzte außer der Rüstungsstillstandsfrage vor allem die Revision der Brüsseler Deklaration über die Gesetze und Gebräuche des Landkrieges, ferner die Annahme der guten Dienste, der Vermittlung und der wahlfreien Schiedssprechung, die Anwendung der Grundsätze der Genfer Konvention auf den Seekrieg und das Verbot der Benutzung gewisser Waffen auf die Tagesordnung der Konferenz, auf der keinerlei politische Fragen beraten werden sollten. Im ganzen umfaßte das zweite Programm acht Punkte, von denen sich sechs mit Kriegsrechtsfragen und nur zwei mit der Rüstungsstillstands- und der Schiedsgerichtsfrage beschäftigten. Dieses zweite Rundschreiben wurde den Mächten am 11. Januar 1899 übersandt.

Mit diesem neuen Programm erklärten sich die Staaten allgemein einverstanden, zumal es im Gegensatze zu dem ersten Rundschreiben einige Aufgaben enthielt, deren Lösung nicht aussichtslos erschien. Freilich war die Annahme der Einladung Rußlands im Grunde nichts weiter als eine diplomatische Höflichkeit. In den Staatskanzleien schüttelte man die Köpfe über die Idee des Zaren.

Als Konferenzort wurde die Hauptstadt Hollands gewählt. Von diesem Lande war die Idee des politischen Gleichgewichts ausgegangen; hier hatte Hugo Grotius, der Vater des Völkerrechts, gewirkt. Dem freiheitlichen und kulturell hochstrebenden holländischen Volke wurde mit Recht die Ehre zuteil, jene Versammlung zu empfangen, die einen Markstein in der Geschichte des Völkerrechts bilden sollte.

Nachdem der Zusammentritt der Konferenz beschlossen war, suchte man nach einer breiteren Grundlage für die Beratungen, als es das zweite russische Programm bot. Das Haager diplomatische Korps, dessen hervorragendste Mitglieder zur Friedenskonferenz delegiert waren, wandte sich im April 1899 an den holländischen Minister der Auswärtigen Angelegenheiten mit der Bitte, die Materialien für die Konferenz herauszugeben, da man ja sonst gar nicht wisse, worüber man beraten solle. Jonkheer van Daehne van Varick sammelte darauf in glücklicher Weise das Material, das beim Zusammentritt der Konferenz unter dem Titel „Actes et documents relatifs au programme de la Conférence de la Paix“ auf dem Tische jedes Delegierten lag.

Der Zusammentritt und Verlauf der ersten Friedenskonferenz.

An der ersten Friedenskonferenz nahmen 26 Staaten teil, in erster Linie die europäischen Staaten, von den amerikanischen Staaten Nordamerika und Mexiko, von den asiatischen Staaten China, Japan, Persien und Siam. Brasilien hatte die Einladung mit der Begründung abgelehnt, es habe bereits seine Kriegsschiffe verkauft, sein Heer herabgesetzt und in seiner Verfassung die Anrufung der Schiedssprechung zur Pflicht gemacht. Die übrigen Staaten waren nicht eingeladen worden. Insbesondere hatte sich England der Teilnahme Transvaals widersetzt. Daß der Papst nicht eingeladen wurde, hing mit dem Einspruche Italiens zusammen. Die Königin von Holland erbat jedoch in einem Schreiben die moralische Unterstützung des Papstes, die der Konferenz auch während ihrer Tagung in einem ausführlichen Schreiben zuteil wurde. Bulgarien spielte gegenüber der Türkei schon eine ziemlich selbständige Rolle und unterzeichnete später sämtliche Abkommen, während die Türkei deren Ratifikation ausnahmslos verweigerte.

Am 18. Mai 1899 wurde die erste Haager Friedenskonferenz in dem vor dem Haag gelegenen historischen Schlosse „Haus im Busch“ durch den holländischen Minister des Äußeren de Beaufort, der zum Ehrenpräsidenten der Konferenz ernannt wurde, eröffnet. Zum Präsidenten der Konferenz wurde der russische Botschafter v. Staal, zum Vizepräsidenten der erste holländische Delegierte Jonkheer van Karnebeek gewählt. Die Stimmung war zu Beginn der Konferenz ziemlich hoffnungslos. Niemals war wohl, wie der amerikanische Botschafter White in seinen Memoiren erzählt, ein gleich großer Kreis von Menschen versammelt, die so einstimmig von der Aussichtslosigkeit ihrer Bemühungen überzeugt waren wie damals im Haag bei Beginn der ersten Friedenskonferenz. Bald erwies sich die Rüstungsstillstandsfrage als unlösbar, und auch in den wichtigsten Punkten der Schiedsgerichtsfrage machten sich große Schwierigkeiten geltend. Daß es aber für die von der ganzen Welt als „Friedenskonferenz“ bezeichnete Versammlung einen völligen Zusammenbruch bedeutet hätte, wenn nur auf kriegsrechtlichem Gebiete Resultate erreicht worden wären, wurde allgemein erkannt. Somit ergab sich für die Delegierten nach dem Mißerfolge der Rüstungsstillstandsverhandlungen die Alternative: entweder die Konferenz scheitern zu lassen oder in der Schiedsgerichtsfrage vorwärts zu kommen.

Gegen die Hauptpunkte der Schiedsgerichtsfrage, nämlich die obligatorische Schiedsgerichtsbarkeit und den ständigen Schiedshof, wandte sich Deutschland, das von vornherein jedes Eingehen auf jene Vorschläge ablehnte. Da war es denn für die Konferenz ein großer Segen, daß die Delegierten des kleinen Schiedsgerichtsausschusses in den ersten Wochen der Beratung einander nähergetreten waren, sich gegenseitig Vertrauen geschenkt und erkannt hatten, daß in einer Frage von solcher Bedeutung alles versucht werden müsse, um zu einem Resultate zu gelangen. Die Namen jener acht eigentlichen Mitglieder des Schiedsgerichtsausschusses, die in dem Dienste der großen Idee so Hervorragendes geleistet haben, sind folgende: Asser (Holländer), Descamps (Belgier), d'Estournelles de Constant (Franzose), Holls (Amerikaner), Lammasch (Österreicher), v. Martens (Russe), Odier (Schweizer) und Zorn (Deutscher). Es gehörten jenem Ausschusse, der zur schnelleren Erledigung der Arbeit von der Schiedsgerichtskommission ernannt worden war, außerdem noch die Präsidenten der Konferenz v. Staal und van Karnebeek sowie der Präsident und die Ehrenpräsidenten der Schiedsgerichtskommission Bourgeois (Franzose), Graf Nigra (Italiener) und Pauncefote (Engländer) an. Alle diese Männer setzten ihre ganze Kraft für das Gelingen der Arbeit ein. (Vgl. meine Ausführungen in „Deutsche Revue", März 1910.) Es war ferner ein großer Vorteil, daß Deutschland im Ausschusse durch Zorn vertreten war, der, obwohl er manchen Fragen der Schiedsgerichtsbarkeit recht zurückhaltend gegenüberstand, doch der rechte Mann auf dem rechten Platze war und klaren Auges die Gefahr erkannte, in die sich Deutschland begeben würde, wenn es im Gegensatze zu den anderen Staaten jene Vorschläge, insbesondere den ständigen Schiedshof, ablehnte. Zorn war gezwungen, die Ansicht der deutschen Regierung, deren Vertreter er war, zu der seinigen zu machen. Aber es ist ein Beweis für die vertrauensvolle Art der Zusammenarbeit jenes Ausschusses, daß Zorn seine innere Anteilnahme an dem Schicksale des Schiedshofantrags vor seinen Mitarbeitern nicht wohl verbergen konnte. Nachdem dann in der historischen Sitzung des Ausschusses vom 9. Juni 1899 Asser, Graf Nigra und Descamps in herzlichen Worten unter Berufung auf die große Verantwortung des Ausschusses vor der Geschichte und den Völkern an den versöhnlichen Sinn Zorns appelliert hatten, wußte Zorn mit einer in der Geschichte des Völkerrechts ewig ruhmvollen Entschlossenheit Deutschland zur Annahme wenigstens des ständigen Schiedshofes zu bewegen. (Vgl. insbesondere Whites Memoiren sowie Zorns Ausführungen in der Festschrift zu Güterbocks 80. Geburtstag.) Damit war der Sieg der Konferenz entschieden. Vergebens hat man die hohe Bedeutung der Errichtung des Haager ständigen Schiedshofes herabzusetzen versucht. v. Liszt und andere rechnen seit jenen Tagen ein neues Zeitalter des Völkerrechts.

So führte die erste Friedenskonferenz zu einem schönen Resultate, das nur richtig gewürdigt werden kann, wenn man bedenkt, daß es sich im Jahre 1899 um einen Anfang handelte. In ihrem Wirken und Streben das Vorbild der zukünftigen Staatenversammlung, die mehr die Interessen der Menschheit als die egoistischen Interessen der einzelnen Staaten vertrat, ist die erste Friedenskonferenz von historischer Bedeutung, und der Geist, der ihre Mitarbeiter beseelte, wird noch auf Jahrhunderte hinaus seinen begeisternden Einfluß auf die

Nachwelt ausüben. Mit Recht konnte der Präsident, Baron Staal, in seiner Abschiedsrede an die Konferenz am 29. Juli 1899 die charakteristischen Worte sagen: „Ich betrachte es als letzten Trost meines Lebens, neue Wege zu dem Wohle der Menschheit zu erkennen und meine Blicke auf den Glanz der Zukunft richten zu dürfen."

Die Resultate der ersten Friedenskonferenz.

Vgl. besonders Meurer, Die Haager Friedenskonferenz, I. Band: Das Friedensrecht, II. Band: Das Kriegsrecht, München 1905 und 1907, sowie Mérignhac, La conférence internationale de la paix, Paris 1900.

I. Die Rüstungsstillstandsfrage.

Von den drei Kommissionen der ersten Friedenskonferenz verhandelte die erste Kommission unter dem Vorsitze des früheren belgischen Ministerpräsidenten Beernaert vor allem über die Rüstungsstillstandsfrage. Obwohl der russische Antrag keineswegs auf eine Abrüstung, sondern lediglich auf einen Stillstand in den Rüstungen hinauslief, führten die eingehenden Verhandlungen in dieser Frage zu keinem Resultate. Man einigte sich lediglich auf eine „Resolution", daß eine Begrenzung der militärischen Lasten für die weitere Entwickelung der Menschheit wünschenswert sei, und ferner auf den „Wunsch", daß die Regierungen in Berücksichtigung der auf dieser Konferenz gestellten Anträge die Möglichkeit eines Einvernehmens bezüglich der Einschränkung der bewaffneten

Land- und Seemacht sowie des Kriegsbudgets zum Gegenstande der Prüfung machen sollten. Gleich hier sei erwähnt, daß sich die zweite Friedenskonferenz nur ganz kurz in einer Plenarsitzung mit der Rüstungsstillstandsfrage beschäftigt hat, da Deutschland 1907 den Verzicht auf eine Verhandlung jener Frage als Voraussetzung seiner Teilnahme an der Konferenz erklärte. Die zweite Friedenskonferenz faßte einstimmig den Beschluß: „Die Konferenz bestätigt den auf der Konferenz von 1899 in Ansehung der Beschränkung der Militärlasten angenommenen Beschluß und erklärt es im Hinblick darauf, daß die Militärlasten seit jenen Jahren in fast allen Ländern erheblich gewachsen sind, für höchst wünschenswert, daß die Regierungen das ernstliche Studium dieser Frage wieder aufnehmen."

Dieselbe Kommission, die 1899 über den Rüstungsstillstand verhandelte, hatte in einem anderen Punkte, nämlich dem Verbote des Gebrauches gewisser Waffen, mehr Erfolg, indem sie, abgesehen von einem kleinen Wunsche, betreffs des Gebrauches neuer Muster und Kaliber bei den Gewehren und Marinekanonen, drei Erklärungen erließ. Danach sollte verboten werden: 1. das Werfen von Geschossen und Sprengstoffen aus Luftschiffen oder auf anderen ähnlichen neuen Wegen für die Dauer von fünf Jahren, 2. die Verwendung solcher Geschosse, deren einziger Zweck darin besteht, erstickende oder vergiftete Gase zu verbreiten, und 3. die Verwendung solcher Geschosse, die sich leicht im menschlichen Körper ausdehnen oder plattdrücken. Die Erklärungen zu 2 und 3 gelten heute noch, da sie nicht zeitlich beschränkt wurden. Sie können aber gekündigt werden, und diese Kündigung würde ein Jahr nach der schriftlich an die Regierung der Niederlande ergehenden und von dieser allen anderen Vertragsmächten unverzüglich mitzuteilenden Benachrichtigung wirksam werden. Die Erklärung zu 1 war nur auf fünf Jahre geschlossen. Auf der zweiten Friedenskonferenz wurde sie wieder für die Zeit bis zur dritten Friedenskonferenz erneuert, aber nur von 27 Staaten gezeichnet, während Deutschland, Chile, Dänemark, Spanien, Frankreich, Guatemala, Italien, Japan, Mexiko, Montenegro, Nikaragua, Paraguay, Rumänien, Rußland, Serbien, Schweden und Venezuela nicht unterzeichnet haben.

II. Die Kriegsrechtsfragen.

Vgl. A. Zorn, Das Kriegsrecht zu Lande in seiner neuesten Gestaltung, Berlin 1906; die sonstige Literatur ist in v. Rohlands kleinem Grundriß des Völkerrechts (Freiburg 1908) größtenteils aufgezählt. Siehe ferner S. 14.

Viel ergiebiger waren die Verhandlungen der zweiten Kommission über die Kriegsrechtsfragen unter dem Vorsitze des russischen Völkerrechtsgelehrten v. Martens.

Die Kodifikationsbestrebungen auf kriegsrechtlichem Gebiete hatten mit der berühmten Pariser Seerechtsdeklaration vom 16. April 1856 begonnen. Diese enthielt folgende Sätze:

1. Die Kaperei ist und bleibt abgeschafft. (Zur Wegnahme feindlicher Handelsschiffe usw. dürfen keine

Privatschiffe, sondern nur noch Kriegsschiffe autorisiert werden.)

2. Die neutrale Flagge deckt das feindliche Gut, mit Ausnahme der Kriegskonterbande. (Wenn das Schiff als neutrales nicht weggenommen werden darf, so ist die Ladung, selbst wenn sie feindlich ist, frei.)

3. Neutrales Gut unter feindlicher Flagge, mit Ausnahme der Kriegskonterbande, darf nicht mit Beschlag belegt werden. (Wenn auch das Schiff als feindliches weggenommen werden darf, so ist doch die Ladung, wenn sie neutral ist, frei.)

4. Die Blockaden müssen, um rechtsverbindlich zu sein, effektiv sein, d. h. durch eine Streitmacht aufrechterhalten werden, die hinreicht, um den Zugang zur Küste des Feindes wirklich zu verhindern. (Darnach genügt also die bloße Erklärung, ein Platz wäre blockiert — sogenannte papierne Blockade — nicht mehr.)

Dieser Pariser Erklärung haben sich im Laufe der Zeit die meisten anderen Staaten angeschlossen, auf der zweiten Friedenskonferenz noch Spanien und Mexiko. Nordamerika hat bis heute nicht unterzeichnet, weil es vorher die Beseitigung des Seebeuterechts, also die Unverletzlichkeit des Privateigentums im Seekriege, verlangt.

Im Jahre 1864 fand auf Veranlassung des edlen Genfers Dunant in Genf eine Konferenz von 16 Staaten statt, deren Resultat die berühmte „Genfer Konvention zur Erleichterung des Loses der Verwundeten und Kranken im Landkriege" im Laufe der Zeit von ungefähr allen Staaten der Welt ratifiziert wurde. Im

Jahre 1868 suchte eine zweite Konferenz zu Genf die Bestimmungen für die Verwundeten auf den Seekrieg auszudehnen. Doch fanden diese Additionalartikel nicht die Zustimmung der Mächte. Dagegen wurde die sogenannte Petersburger Konvention von 1868, betreffend das Verbot von kleinkalibrigen Geschossen unter 400 Gramm Gewicht, ratifiziert.

Im Jahre 1874 fand auf Anregung des Russen v. Martens in Brüssel eine Konferenz zur Kodifikation des Landkriegsrechts statt, deren Ergebnis freilich die Zustimmung der Mächte nicht fand.

Beim Zusammentritt der ersten Friedenskonferenz gab es also außer der Pariser und Petersburger Erklärung sowie der Genfer Konvention keinerlei Regeln des Kriegsrechts, die völkerrechtlich festgelegt waren. Schon daraus ergibt sich, daß die Aufgabe der ersten Friedenskonferenz auf diesem Gebiete recht bedeutungsvoll war. Anderseits aber erkennen wir, daß die zweite Kommission der Friedenskonferenz bei ihren zwei Aufgaben, nämlich der Schaffung eines Landkriegsgesetzbuches und der seekriegsrechtlichen Ausdehnung der Genfer Konvention, auf den bedeutsamen Vorarbeiten der Brüsseler Konferenz von 1874 und der Genfer Konferenz von 1868 weiterbauen konnte.

Auf die Ergebnisse im einzelnen kann hier nicht eingegangen werden. Es muß genügen, auf folgende allgemeine Gesichtspunkte hinzuweisen.

Der Zweck des Krieges ist die Niederwerfung des Feindes, und daher sind prinzipiell alle Mittel erlaubt, die nach den Worten von Hugo Grotius „necessaria sunt ad finem belli". Was dem Zweck des Krieges nicht dient, ist von vornherein verboten. Eine Aufzählung der Mittel aber, die zur Niederwerfung des Feindes nicht notwendig und daher nicht erlaubt sind, war bisher völkerrechtlich nicht geschehen. Eine Begrenzung der an und für sich schrankenlosen Gewalt war zwar schon von bedeutenden Heerführern und auch von Deutschland im Kriege 1870/71 angeordnet worden. Aber über viele Punkte herrschte noch Ungewißheit. Auch war es klar, daß eine dauernde, allgemein anerkannte Kodifikation jener Bestimmungen von viel größerer Bedeutung war als lediglich die jedesmaligen Anordnungen der Heerführer. Diese Kodifikation hat die erste Friedenskonferenz für den Landkrieg und für ein kleines, aber wichtiges Gebiet des Seekrieges geschaffen. Sie hat eine große Anzahl von Kriegsmitteln, wie z. B. die Verwendung von Gift, die Wegnahme von Privateigentum usw., für unzulässig erklärt, hat festgelegt, wer als Kriegführender, als Spion und Parlamentär anzusehen ist, wie die militärische Gewalt auf dem besetzten feindlichen Gebiete ausgeübt werden darf und wie die Kriegsgefangenen behandelt werden müssen. Sie hat ferner für den Seekrieg den Lazarettschiffen denjenigen Schutz und diejenige Freiheit gewährt, die mit den Kriegserfordernissen vereinbar sind. Während also früher auf diesem Gebiete eine gewisse Willkür oder zum mindesten eine Ungewißheit über das, was Recht ist, herrschte, hat die erste Friedenskonferenz die Gewalt des Siegers durch bestimmte Anordnungen beschränkt.

Auf der ersten Friedenskonferenz wandte sich der Belgier Beernaert mit Eifer dagegen, daß man durch jene Kodifikation ein Recht des Siegers anerkenne; man solle es lieber bei dem ungeschriebenen Völkerrechte lassen, so unbestimmt es auch wäre. Beernaerts Ansicht wurde aber namentlich durch v. Martens mit Erfolg bekämpft. Zorn hat später in seinem Buche „Im neuen Reich" (Bonn 1902) zu diesen Verhandlungen treffend bemerkt: „Der Krieg ist an sich Gewalt. Die Gewalt des Eroberers im eroberten Lande ist an sich völlig unbegrenzt. Wenn nun über die Auslegung dieser Gewalt Vorschriften gegeben werden, so kann es sich dabei immer nur um eine Einschränkung der an sich schrankenlosen Gewalt des Siegers, also immer nur um Wohltaten für den Besiegten handeln. Daran kann doch die Formulierung dieser Beschränkung in der Wendung ‚hat das Recht' usw. nichts ändern; im übrigen besteht ja kein Hindernis, durch negative Formulierung (darf nur . . .) den Grundsatz um so richtiger zum Ausdruck zu bringen."

Freilich ist zu bedenken, daß die Kriegsnotwendigkeit über dem Kriegsrecht steht. Nach diesem Satze, der von der deutschen völkerrechtlichen Literatur allgemein anerkannt, dagegen von ungefähr allen ausländischen Schriftstellern (z. B. Westlake, Chapters on the Principles of International Law, Cambridge 1894, S. 238; Hall, Treatise on International law, Oxford 1904, S. 269; Holland, The laws of war on land, Oxford 1908, S. 12, 13; Bordwell, The law of war between Belligerents, Chicago 1908,

S. 5; Boidin, Les lois de la guerre, Paris 1908, S. 26ff.; Mérignhac usw.) abgelehnt wird, ist eine Verletzung des Kriegsrechts als nicht vorhanden anzusehen, wenn die Kriegshandlung zur Erhaltung der Truppen oder zur Abwehr einer denselben drohenden und auf andere Art nicht abwendbaren Gefahr oder auch erforderlich ist, um eine an sich nicht unzulässige Kriegsunternehmung entweder wirklich durchzuführen oder deren Erfolg zu sichern. Im Notfalle kann danach jeder Satz des Kriegsrechts durchbrochen werden. (Vgl. Meurer, Die Haager Friedenskonferenz, II. Band: Das Kriegsrecht, München 1907, S. 14, sowie die grundlegende Schrift von Niemeyer, Prinzipien des Seekriegsrechts, Berlin 1909, S. 16.) Das Bestehen dieses Grundsatzes kann schon deswegen nicht geleugnet werden, weil er in 24 Artikeln der neueren Völkerrechtsabkommen ausdrücklich seine Anerkennung seit dem Jahre 1899 gefunden hat. Freilich handelt es sich bei der militärischen Notwendigkeit immer nur um ausnahmsweise und besonders schwierige Fälle, so daß der Wert der gesamten Abkommen dadurch so gut wie gar nicht beeinträchtigt wird.

Zu erwähnen ist schließlich noch, daß die zweite Kommission drei Wünsche aussprach, wonach die Fragen der „Rechte und Pflichten der Neutralen“, der „Unverletzlichkeit des Privateigentums im Seekriege“ und der „Beschießung der Häfen, Städte und Dörfer durch Kriegsschiffe“ der Prüfung einer späteren Konferenz unterworfen werden sollten. Alle diese Punkte sind denn auch von der zweiten Friedenskonferenz 1907 eingehend beraten worden.

III. Die Friedensrechtsfragen.

Vgl. besonders Nippold, Die Fortbildung des Verfahrens in völkerrechtlichen Streitigkeiten. Leipzig 1907.

Wie bereits erwähnt, wählte die dritte Kommission der ersten Friedenskonferenz unter der trefflichen Leitung des früheren französischen Ministerpräsidenten Bourgeois einen besonderen Ausschuß, in dem der Schwerpunkt der ganzen Arbeit lag.

In derselben ersten Kommissionssitzung, in der jener Ausschuß eingesetzt wurde, hatte der um die Schiedsgerichtsbewegung hochverdiente erste englische Delegierte Pauncefote die Versammlung durch das Projekt eines ständigen Schiedshofes überrascht und die Errichtung jenes Tribunals als die wichtigste Aufgabe der ganzen Konferenz bezeichnet. Als somit zum ersten Male in der Weltgeschichte vor einer Versammlung der offiziellen Vertreter aller großen Staaten der Plan aufgerollt wurde, ein Tribunal zu errichten, das nach Recht und Gerechtigkeit die Streitigkeiten zwischen Staaten entscheiden sollte, da konnten sich auch kalte Herzen einer tiefen inneren Bewegung nicht entziehen, und man ahnte zum ersten Male, daß aus dem Plane des Zaren doch vielleicht ein Segen für die Menschheit entspringen könne. Aber zunächst war es erforderlich, daß sich die Delegierten in der Arbeit über leichtere Fragen zusammenfanden, bevor sie das schwierigste Werk unternahmen, und man stellte daher die Fragen der Schiedsgerichtsbarkeit zurück, bis die Bestimmungen über „die guten Dienste und die Vermittelung" sowie die „internationale Untersuchungskommission" festgelegt waren.

1. Die guten Dienste und die Vermittelung.

Bereits in dem Pariser Vertrage von 1856 war bestimmt worden, daß bei einer dem Frieden gefahrdrohenden Streitigkeit zwischen der Türkei und einer Signatärmacht die anderen Vertragsmächte durch entsprechende Mitteilungen, soweit die Verhältnisse dies gestatteten, in den Stand gesetzt werden sollten, den Krieg durch ihre Vermittelung zu verhindern. Noch weiter gingen die Bestimmungen der Berliner Generalakte von 1885, die den Staaten nicht nur „soweit die Verhältnisse dies gestatteten", sondern pflichtmäßig unter allen Umständen das Anerbieten und Anrufen der guten Dienste zur Pflicht machten, wenn ein Streit bezüglich oder innerhalb des Kongobeckens entstehen sollte. Es handelte sich also auf der ersten Friedenskonferenz bezüglich der guten Dienste und Vermittelung nur um Fortführung bereits bestehender Einrichtungen.

Der Zweck sowohl der guten Dienste wie der Vermittelung besteht darin, auf die streitenden Teile einen freundschaftlichen Druck auszuüben, durch neue Verhandlungen die Streitigkeit friedlich zu erledigen. Das ist bei ernsten Meinungsverschiedenheiten oder einem Streit zwischen zwei Staaten oft sehr notwendig, weil die Staaten infolge der Spannung und des gegenseitigen

Mißtrauens zu Verhandlungen nicht geneigt sind. Während nun bei den guten Diensten eine dritte Macht entweder aus eigenem Antriebe (Anerbieten der guten Dienste) oder auf Grund einer Aufforderung eines der streitenden Teile (Anrufen der guten Dienste) die Verhandlungen zwischen den beiden streitenden Teilen direkt wieder anzubahnen sucht, soll bei der Vermittelung, die ebenfalls entweder aus eigenem Antriebe oder auf Anrufen eines Streitteiles geschehen kann, eine dritte Macht selbst die Verhandlungen in die Hand nehmen und die Gegensätze auszugleichen suchen. Auf Betreiben des Amerikaners Holls wurde noch eine sogenannte „besondere Vermittelung" eingeführt, wonach die beiden in Streit befindlichen Parteien je eine Macht gleichsam als Sekundanten mit der Aufgabe wählen sollen, in unmittelbare Verbindung miteinander zu treten, um den Bruch der friedlichen Beziehungen zwischen den Streitteilen zu verhüten. Die guten Dienste und die Vermittelung sollen nur angerufen werden, soweit die Umstände dies gestatten. Die großen Staaten müssen den Anschein vermeiden, als ob sie den kleineren Staaten gegenüber intervenieren wollten, und ferner müssen die Mächte klug genug sein, um unter gewissen Voraussetzungen gleich die Nutzlosigkeit solcher Vermittelungen zu erkennen. Es bedarf nur des Hinweises auf die jüngsten Balkanstreitigkeiten, um zu zeigen, in welch trefflicher Weise jene Einrichtungen der ersten Friedenskonferenz funktioniert haben. Daß sie bei dem Russisch-Japanischen Kriege nicht angewandt wurden, kann nicht gegen sie sprechen. So junge Institutionen können natürlich nicht gleich die schwierigsten Streitigkeiten aus der Welt schaffen.

2. Die internationalen Untersuchungs-kommissionen.

Auch bei den internationalen Untersuchungskommissionen handelte es sich nicht um etwas Neues. Denn solche Untersuchungskommissionen waren schon verschiedentlich von den Balkanstaaten bei Grenzstreitigkeiten bestellt worden. Trotzdem muß mit hoher Anerkennung hervorgehoben werden, daß die Idee der Einführung dieser Kommissionen in die Haager „Konvention zur friedlichen Erledigung internationaler Streitigkeiten" dem Geiste des Russen v. Martens entsprungen ist, der sich auch stets — freilich vergeblich — bemüht hat, die Untersuchungskommissionen obligatorisch zu gestalten, ein Versuch, dem sich namentlich die Balkanstaaten mit Eifer widersetzten, weil sie dadurch der Einmischung dritter Mächte in ihre Angelegenheiten Tür und Tor geöffnet glaubten. Die Untersuchungskommissionen haben nicht den Zweck, Urteile zu fällen, sondern sollen nur die Tatsachen feststellen, die zwischen den Parteien streitig sind. Sie sind daher nur bei Streitigkeiten möglich, die einer verschiedenen Würdigung von Tatsachen entspringen. Solche Kommissionen sind in Zeiten, wo die öffentliche Meinung erregt ist, von besonderem Werte, und fördern die friedliche Beilegung des Streites ungemein. Als im Jahre 1904 die baltische Kriegsflotte englische Fischerboote beschossen hatte und sich die englische Bevölkerung in ungeheurer Erregung befand, setzte man eine Untersuchungskommission ein, die in einem Berichte den Tatbestand festlegte und dadurch die Grundlage für eine völlige Einigung bildete. (Vgl. Mandelstam, La commission internationale d'enquête sur l'incident de la Mer du Nord, in Revue générale de droit intern. public., 1905, Boghitchévitch, Die Enquêtekommissionen des Völkerrechts, in der Festgabe für B. Hübler, Berlin, 1905, S. 248 ff.)

Wenn man kurz den Unterschied zwischen den guten Diensten und der Vermittelung sowie den Untersuchungskommissionen einerseits und der Schiedsgerichtsbarkeit anderseits hervorheben soll, so besteht er in folgendem: Wenn zwei Parteien einen Streit einem Schiedsgerichte übergeben, so wird durch das Urteil des Schiedsgerichts, das für die Parteien bindend ist, der Streit endgültig aus der Welt geschafft. Bei den guten Diensten, der Vermittelung und den Untersuchungskommissionen handelt es sich dagegen immer nur um einen V e r s u c h, den Streit friedlich zu erledigen. Wenn trotz der guten Dienste und der Vermittelung die Verhandlungen auch fernerhin keinen Erfolg haben, so wird eben die Meinungsverschiedenheit dadurch nicht aus der Welt geschafft und ev. kriegerisch ausgetragen. Daher soll auch die Annahme der Vermittelung, unbeschadet anderweitiger Vereinbarung, nicht die Wirkung haben, die Mobilmachung und andere den Krieg vorbereitende Maßnahmen zu unterbrechen. Ebenso verhält es sich mit den Untersuchungskommissionen. Wenn diese ihren Bericht fertiggestellt haben, sind die Parteien noch lange nicht verpflichtet, sich auf Grund dieses Berichtes zu einigen. Sie können auch hier den Kampf fortsetzen. Aber gerade bei den Untersuchungskommissionen ist es klar, daß zwei Parteien, die sich einmal dahin geeinigt haben, die streitigen Tatsachen feststellen zu lassen, nun auch leicht einen Schritt weiter gehen und sich auf Grund jenes Berichtes friedlich einigen oder zum mindesten die Angelegenheit einem Schiedsgerichte zur endgültigen Erledigung übergeben werden.

3. Die internationale Schiedssprechung.

Schon im Mittelalter waren von vielen Päpsten, römischen Kaisern und den juristischen Fakultäten von Bologna, Padua und Perugia usw. wiederholt Streitigkeiten zwischen Staaten auf schiedsgerichtlichem Wege erledigt worden. Bei jenen Streitigkeiten hatten sich die Parteien immer erst nach Ausbruch eines Streites auf ein Schiedsgericht geeinigt. (Vgl. Mérignhac, L'arbitrage international. Paris 1895.) Später schlossen einzelne Staaten miteinander Verträge ab, in denen sie im voraus festsetzten, daß Streitigkeiten, die aus einem bestimmten Vertrage zwischen ihnen entstehen würden, der Schiedsgerichtsbarkeit unterworfen werden sollten. In große internationale Verträge, wie die Generalakte der Berliner Konferenz von 1885, die Brüsseler Antisklavereiakte von 1890, die Konvention über den Eisenbahnfrachtverkehr von 1890 und den Weltpostvertrag von 1891 wurde diese sogenannte spezielle Kompromißklausel aufgenommen. Ein weiterer Fortschritt bestand darin, daß zwei Staaten durch die sogenannte allgemeine Kompromißklausel nicht nur die aus der Auslegung eines bestimmten Vertrages entstehenden Streitigkeiten, sondern alle Streitigkeiten ausnahmslos der schiedsgerichtlichen Erledigung überwiesen. Aber sowohl bei der allgemeinen wie der besonderen Kompromißklausel war die Festsetzung über die Schiedsgerichtsbarkeit immer nur eine Zusatzbestimmung zu irgendeinem Vertrage, der in der Hauptsache andere wirtschaftliche oder politische Fragen regelte, z. B. zu einem Freundschafts-, Handels- und Schiffahrtsvertrage. Schließlich schloß man denn auch die ständigen Schiedsverträge ab, die über nichts anderes handelten als über die schiedsgerichtliche Austragung von Streitigkeiten. Wo im voraus geschlossene Schiedsverträge nicht vorhanden waren, einigte man sich naturgemäß auch in neuerer Zeit nach Ausbruch des Streites wiederholt auf ein Schiedsgericht.

Zwei Aufgaben hatte in dieser Hinsicht die erste Haager Friedenskonferenz zu lösen. Während die bisherigen Verträge nur vereinzelt zwischen einer kleineren Staatengruppe geschlossen worden waren, sollte die Friedenskonferenz eine obligatorische Verpflichtung zwischen den gesamten Signatärstaaten zur schiedsgerichtlichen Austragung genau bestimmter Streitigkeiten herstellen. Freilich stand diese Aufgabe nicht im russischen Programm und wurde erst nachträglich hinzugefügt. Der russische Entwurf bezüglich der obligatorischen Schiedsgerichtsbarkeit war so formuliert, daß von vornherein alle Fragen ausscheiden sollten, die die Lebensinteressen oder die Ehre des Staates berührten. Ferner sollte das Obligatorium auf ganz bestimmte Fälle rein juristischer und technischer Art beschränkt sein.

Während jedoch die Einführung der obligatorischen Schiedsgerichtsbarkeit an Deutschlands Widerstand scheiterte, gelang die zweite Aufgabe, nämlich die Errichtung eines ständigen Schiedshofes, vollkommen. Ein internationales Tribunal zur Schlichtung von Streitigkeiten zwischen Staaten war bereits seit Jahrhunderten (vgl. Schücking, Die Organisation der Welt, Leipzig 1909), insbesondere durch Dubois (um 1306) und König Georg Podiebrad (1458) sowie noch zuletzt 1895 von der Brüsseler interparlamentarischen Union warm befürwortet worden. Während von den guten Diensten, der Vermittelung, den Untersuchungskommissionen und der Schiedssprechung vor 1899 in der Staatenpraxis wiederholt Gebrauch gemacht worden war, hatte es einen ständigen Schiedshof nur in der Theorie gegeben, und man hatte nur vereinzelt an die Möglichkeit desselben geglaubt. Noch 1895 hatte auf der interparlamentarischen Versammlung ein Deutscher erklärt (vgl. Fried, Handbuch der Friedensbewegung, Wien und Leipzig 1905), man solle sich doch nicht mit einem Schiedshofprojekte abquälen und den Fluch der Lächerlichkeit auf sich laden; Deutschland würde doch nie ein solches Tribunal annehmen. Es steht fest, daß gerade die Anregung der interparlamentarischen Union mächtig zur Förderung des großen Schiedshofgedankens beigetragen hat.

Drei Entwürfe von seiten Amerikas, Englands und Rußlands lagen der ersten Friedenskonferenz bezüglich des ständigen Schiedshofes vor. Hiervon ging der russische Entwurf am weitesten, indem er den Staaten die geringste Freiheit bei der Auswahl der Richter ließ. Während nämlich der amerikanische und englische Entwurf lediglich die Aufstellung einer Schiedshofliste beantragten, aus der die in Streit befindlichen Staaten sich die erforderlichen Richter wählen sollten, wollte der russische Entwurf wenigstens diejenigen Staaten vorher fest bestimmen, die jedesmal in dem Gerichte sitzen sollten. Die Konferenz machte vor allem aus Dankbarkeit gegenüber dem um die Schiedsgerichtsbarkeit hochverdienten Engländer Pauncefote den englischen Entwurf zur Grundlage ihrer Verhandlungen.

Der auf der ersten Friedenskonferenz angenommene ständige Schiedshof (Cour permanente d'arbitrage) besteht in Wirklichkeit nur aus einer Schiedshofliste und ist daher in Wirklichkeit nicht ständig, im Gegensatze zu einem Projekte auf der zweiten Friedenskonferenz, dem sogenannten Cour de la justice arbitrale, der ein wirklicher, ständiger Gerichtshof sein sollte. Aus jener Liste wählen sich die Parteien, die dem ständigen Schiedshofe eine Streitigkeit übergeben, die Richter aus. Der ständige Schiedshof erleichtert die Schiedssprechung, indem die Einrichtung eines internationalen Bureaus im Haag unter dem Vorsitze eines Verwaltungsrates eine erhebliche Beschleunigung des Zusammentritts des jeweiligen Schiedsgerichtes herbeizuführen vermag. Die Staaten sind durchaus nicht verpflichtet, ihren Streitfall gerade dem ständigen Schiedshofe zu übergeben; sie können auch ein anderes Schiedsgericht einsetzen. Aber die Anrufung des ständigen Schiedshofes soll doch die Regel sein.

Der ständige Schiedshof hat eine hohe moralische Bedeutung, indem dadurch der Gedanke der Gemeinsamkeit aller nationalen Interessen geradezu glänzend verkörpert wird. Jeder, der an entscheidender Stelle steht, wird durch ihn daran erinnert, daß es bei allen Streitigkeiten zwischen Völkern die Möglichkeit friedlicher Erledigung gibt. Allen Diplomaten wird dadurch die Verantwortung zum Bewußtsein gebracht, die sie auf sich laden würden, wenn sie die Völker gegeneinander trieben, ohne die durch die Ratifikation der Schiedsgerichtskonvention übernommenen rechtlichen und moralischen Verpflichtungen erfüllt zu haben.

Auf den Vorschlag des Franzosen d'Estournelles wurde die wichtige Bestimmung der Schiedshofempfehlung eingeführt, wonach es die Signatarmächte als ihre Pflicht ansehen, bei einem Streite zwischen mehreren Mächten diese daran zu erinnern, daß ihnen der ständige Schiedshof zur Erledigung des Streites offen steht.

In den ersten zehn Jahren nach der ersten Friedenskonferenz sind dem Haager ständigen Schiedshofe folgende sechs Streitigkeiten übergeben worden:

1. Der Streit zwischen Mexiko und den Vereinigten Staaten um geistliche Güter, 1902.

2. Der Streit zwischen Deutschland, England und Italien einerseits und Venezuela anderseits, wegen Forderungen an die Staatskasse von Venezuela, 1903.

3. Der Streit zwischen Deutschland, England und Frankreich einerseits und Japan anderseits wegen der

Auslegung von Vertragsbestimmungen bezüglich der Steuerpflicht der in Japan ansässigen Europäer, 1902.

4. Der Streit zwischen England und Frankreich, betr. das Protektorat über das Sultanat Maskat, 1904[1]).

5. Der Casablancastreitfall zwischen Deutschland und Frankreich, 1908.

6. Der Streit zwischen England und Nordamerika über die Fischerei im Norden des atlantischen Ozeans, 1909.

Die erste Anrufung des ständigen Schiedshofes 1902 von seiten Nordamerikas ist der Anregung des französischen Senators d'Estournelles zu verdanken; die neueren Schiedsgerichtsverträge haben für alle Streitigkeiten meist den Haager ständigen Schiedshof vorgesehen, dessen Bedeutung dadurch von Jahr zu Jahr steigt. Schon jetzt darf man sagen, daß die von Zorn im Jahre 1899 gegenüber dem Grafen Nigra verteidigte Ansicht zutrifft, wonach das besonders vereinbarte Schiedsgericht die Ausnahme, der ständige Schiedshof dagegen die Regel bilden müsse. In dieser richtigen Erkenntnis hat auch die schweizerische Regierung, der früher wiederholt das Amt eines Schiedsrichters zugefallen ist, erklärt, daß sie diese ehrenvolle Funktion seit der Errichtung des Haager

---

[1]) Die Protokolle der Verhandlungen über die vier ersten Fälle sind von dem internationalen Bureau des ständigen Schiedshofes veröffentlicht worden. (Recueil des actes et protocoles du tribunal d'arbitrage, 1902, 1904, 1905, 1905, verlegt bei van Langenhuysen Frères, La Haye.) Im Casablancastreitfalle waren die Verhandlungen nicht öffentlich. Der sechste Fall ist noch nicht entschieden.

ständigen Schiedshofes nicht mehr anzunehmen gedenke. Im Jahre 1903 stiftete Carnegie auf Anregung des Russen v. Martens für den Haager Schiedshof ein Kapital von 1½ Millionen Dollar zur Erbauung eines Palastes.

Von großer Bedeutung war auch der ursprüngliche Artikel 19 des Haager Friedensabkommens, wonach sich die Mächte vorbehielten, neue allgemeine oder besondere Abkommen zu schließen, um die obligatorische Schiedssprechung wenigstens durch Einzelabkommen weiter auszudehnen. Diese Bestimmung, die auf den Antrag von Descamps in die Konvention aufgenommen wurde, hat in der Folgezeit hervorragenden Einfluß auf das Zustandekommen von Schiedsgerichtsverträgen ausgeübt [1]).

Im übrigen wurden 1899 eine große Anzahl Bestimmungen über das Schiedsverfahren festgesetzt. Namentlich bei der Erörterung der Fragen, ob ein Schiedsspruch begründet werden müsse und ob gegen ein Schiedsurteil Revision zugelassen werden dürfe, kam es zu höchst interessanten Verhandlungen.

Die Vorgeschichte der zweiten Haager Friedenskonferenz.

Die Anregung zur Einberufung der zweiten Haager Konferenz ist ebenso wie im Jahre 1899 dem tapferen

---

[1]) Vgl. Lammasch, Die Fortbildung der internationalen Schiedsgerichtsbarkeit seit der Haager Konferenz. Deutsche Revue, November 1905; betreffs des Urteils der Zeitgenossen über das Werk von 1899 siehe meinen Aufsatz im „Grenzboten", 1910 Nr. 2.

Eintreten der Friedensfreunde zu verdanken. Nachdem die interparlamentarischen Versammlungen schon wiederholt den Wunsch zur Abhaltung einer weiteren Konferenz ausgesprochen hatten, wurde 1904 vom interparlamentarischen Kongresse zu Sankt Louis eine besondere Deputation zu dem amerikanischen Präsidenten Roosevelt gesandt, um ihn zur Einberufung einer neuen Konferenz zu veranlassen. Roosevelt versprach, die nötigen Schritte sofort zu unternehmen. (Vgl. Fried, Die zweite Haager Konferenz. Leipzig 1908.) Darauf wurde die Angelegenheit von der amerikanischen Regierung den anderen Mächten unterbreitet und die Initiative zur Einberufung der Konferenz Rußland überlassen. Wegen des Russisch-Japanischen Krieges, der inneren Unruhen in Rußland und der III. panamerikanischen Zusammenkunft mußte die Abhaltung der Konferenz mehrfach vertagt werden. England schlug 1906 ausdrücklich vor, auch die Abrüstungsfrage in das Konferenzprogramm mitaufzunehmen. Dem widersetzte sich aber insbesondere Deutschland. Infolgedessen unternahm v. Martens zwecks Klarstellung der Meinungsverschiedenheiten seine bekannte Rundreise an die europäischen Höfe. Nach seiner Rückkehr wurden durch ein russisches Rundschreiben vom 21. März 1907 als Beginn der Konferenz die ersten Tage des Juli vorgeschlagen. Die niederländische Regierung lud darauf die Mächte auf den 15. Juli 1907 zur zweiten Friedenskonferenz ein, die in dem „Rittersaale“ tagen sollte.

Der Zusammentritt und Verlauf der zweiten Friedenskonferenz.

Auf der zweiten Friedenskonferenz waren 44 Staaten vertreten, insbesondere alle süd- und mittelamerikanischen Staaten. Fast die gesamte Staatenwelt des Erdkreises war versammelt, ausgenommen die europäischen Liliputstaaten: Liechtenstein, San Marino und Monaco, ferner Marokko, Abessinien, Afghanistan, Liberia und Costa Rica.

Zum Präsidenten der zweiten Konferenz wurde der russische Botschafter Nelidow, zum Ehrenpräsidenten der holländische Minister des Äußeren Tets van Goudrian, zum Vizepräsidenten der erste holländische Delegierte de Beaufort ernannt. Während die erste Friedenskonferenz drei Kommissionen gebildet hatte, wurden diesmal vier ernannt, von denen die erste unter dem Vorsitze von Bourgeois die Fragen der Schiedsgerichtsbarkeit und Prisengerichtsbarkeit, die zweite unter dem Vorsitze von Beernaert die Landkriegs- und die beiden letzten Kommissionen die Seekriegsrechtsfragen unter dem Vorsitze des Italieners Grafen Tornielli bzw. des Russen v. Martens behandelten. Als Berichterstatter taten sich Renault (Franzose) sowie Scott (Amerikaner) und Baron Guillaume (Belgier) hervor.

Will man den Verlauf der zweiten Friedenskonferenz richtig würdigen, so ist zu berücksichtigen, daß die erste Friedenskonferenz, wie bereits erwähnt, in einem kleinen Ausschusse eine überaus hervorragende und einmütige

Führerschaft besessen und dadurch zu einem ganz besonders schönen Resultate gekommen war. Die zweite Konferenz besaß keinen derartigen Ausschuß. Wohl waren in dem Komitee, von dem das weitaus bedeutsamste Problem, die obligatorische Schiedsgerichtsbarkeit, verhandelt wurde, viele Männer, die mit ganzem Herzen für die große Sache eintraten. Aber gerade an Stelle des deutschen Delegierten Zorn, der 1899 so Treffliches geleistet hatte und möglicherweise auch jetzt der Konferenz über den toten Punkt hätte hinweghelfen können, waren andere Männer, Frhr. v. Marschall und Kriege, getreten, die zwar die glänzendsten im Dienste des Vaterlandes bewährten Eigenschaften besaßen, aber zu Zugeständnissen in jener Frage nicht geneigt waren.

Obwohl einsichtsvolle Delegierte daran, daß Zorn von den Arbeiten ausgeschaltet war, schon frühzeitig erkannten, Deutschland werde diesmal unversöhnlich sein, wurden die Verhandlungen über die obligatorische Schiedsgerichtsbarkeit vier Monate lang mit allem Eifer fortgesetzt. Frhr. v. Marschall, der erste deutsche Delegierte, hatte bei Beginn der Konferenz in einer großen Rede den anderen Staaten ein wenig Hoffnung gemacht, Deutschland werde vielleicht auf einen ihm geneigt erscheinenden Vorschlag eingehen. Mit um so größerer Begeisterung hatte man daher das Problem zu lösen gesucht.

Daß außer Deutschland ungefähr alle Staaten mit ganzer Kraft jenen Gedanken zum Siege führen wollten, beweist, daß er zur Entscheidung reif war. Die deutschen

Vertreter glaubten, daß mit dem Siege der obligatorischen Schiedsgerichtsbarkeit vor allem ein juristischer Fortschritt erreicht worden sei; in Wirklichkeit aber wäre es ein politischer und moralischer gewesen. Man muß sich überhaupt hüten, die Friedenskonferenzen getrennt von dem Zusammenhange jener großen Idee zu betrachten, der sie ihre Entstehung verdanken, nämlich der Friedensbewegung. (Vgl. über die Friedensbewegung die schönen Ausführungen Kohlers: „Die Friedensbewegung und das Völkerrecht“ in Zeitschr. f. Völkerrecht und Bundesstaatsrecht, IV. Band, Heft 2/3.)

Das Ziel des internationalen Fortschritts ist die immer größere Organisation der Welt, die allein dazu führen kann, daß die Kriege seltener werden. In diesem Zusammenhange betrachtet, bedeutet die obligatorische Schiedsgerichtsbarkeit nur Stückwerk, insofern sie allein niemals die Streitigkeiten erheblich verringern und gütlich beseitigen kann. Sie ist immer nur die Folgeerscheinung eines tatsächlichen innigeren Zusammenhanges des internationalen Lebens der Völker. (Vgl. Fried, Die Grundlagen des revolutionären Pazifismus. Tübingen 1908.) Denn die obligatorische Schiedsgerichtsbarkeit versagt überall dort, wo das Vertrauen der Völker und die dadurch wieder veranlaßte internationale Ordnung nicht groß genug ist.

Ist aber auch an sich die obligatorische Schiedsgerichtsbarkeit nur eine natürliche Folge der Erstarkung der vorläufig erst im Werden begriffenen internationalen

Organisation, so hätte doch zweifellos die ausdrückliche Feststellung der zweiten Haager Friedenskonferenz, daß das Vertrauen der Völker zueinander groß genug sei, um den Anfang mit der obligatorischen Schiedsgerichtsbarkeit machen zu können, einen großen moralischen Wert gehabt und wiederum dazu beigetragen, das gegenseitige Vertrauen der Völker zu stärken. Dadurch, daß jener Versuch mißlang, wurde von der Konferenz geradezu festgestellt, daß die Völker noch nicht Vertrauen genug zueinander hätten, um die obligatorische Schiedsgerichtsbarkeit annehmen zu können.

Bedeutsam aber war, wie nach dem Vorhergehenden klar ist, folgender Beschluß der zweiten Friedenskonferenz. Im Anschluß an den Wunsch, eine dritte Konferenz einzuberufen, hat nämlich die zweite Konferenz auf die Notwendigkeit hingewiesen, die zukünftigen Beratungen mit der erforderlichen „Würde" und „Schnelligkeit" zu führen. Sie hat daher die Einsetzung eines Ausschusses etwa zwei Jahre vor dem Zusammentritt der Konferenz befürwortet, der die für die Konferenz geeigneten Programmpunkte festsetzen soll. Dadurch wird in Zukunft vermieden werden, daß die Verhandlungen so kläglich im Sande verlaufen wie im Jahre 1907.

Aber trotz des Scheiterns jener großen, brennenden Frage darf man dem hohen Streben der zweiten Konferenz seine Achtung nicht versagen. Auch die Mitarbeiter dieser Konferenz haben ihr ganzes Können in den Dienst jener Idee gestellt, und es ist nicht ihre Schuld, daß die große Sache scheiterte.

Die Resultate der zweiten Haager Friedenskonferenz.

Die Literatur der zweiten Friedenskonferenz ist weitaus größer als die der ersten. Von Werken und Aufsätzen, die die gesamte Konferenz behandeln, seien genannt: Asser, De Tweede Vredesconferentie, Tijdspiegel, Januari 1908; den Beer Poortugael, De Beteekenis van de Tweede Vredesconferentie, Onze Leuw, Maart, April, Mai 1908; Bustamente y Sirven, La segunda Conferencia de la Paz, reunida en El Haya en 1907, in französischer, von Scelle besorgter Übersetzung 1909 in Paris erschienen; Diomedes, Die zweite Haager Friedenskonferenz, I. Teil, Athen 1908 (in griechischer Sprache); Fried, Die zweite Haager Konferenz, Leipzig 1908; Higgins, The Hague Peace Conferences, Cambridge 1909; Hull, The two Hague Conferences, Boston 1909; De Lapradelle et Politis, La deuxième conférence de la Paix, in Revue générale de droit international public, 16. Jahrgang, Nr. 4 ff.; Lémonon, La seconde conférence de la paix, Paris 1908; Mérignhac, La deuxième conférence internationale de la Paix, Paris 1908; Nippold, Die zweite Haager Friedenskonferenz, I. Teil, Leipzig 1908, II. Teil, Leipzig 1910; Renault, L'œuvre de la Haye en 1899 et en 1907, Paris 1908; Scott, The Hague Peace conferences, Baltimore 1909; der ausführliche Generalbericht v. Streits an die griechische Regierung, Athen 1908 (in griechischer Sprache); einen kurzen Überblick geben Ernst, L'œuvre de la deuxième conférence de la Paix, Bruxelles et Paris 1908 und Adler, Die Haager Friedenskonferenz des Jahres 1907, Berlin 1909 (mit Literaturangaben). Einige wichtigere Spezialwerke sind an den passenden Stellen zitiert. Ferner sind die Konferenzprotokolle, in drei Bänden bei Nijhoff, Haag, verlegt, heranzuziehen.

I. Die Friedensrechtsfragen.

Die zweite Friedenskonferenz erweiterte und verbesserte das Friedensabkommen von 1899 namentlich durch neue Bestimmungen über die Untersuchungskommissionen sowie durch Einführung eines sogenannten abgekürzten (summarischen) Schiedsverfahrens für geringfügigere Streitigkeiten. Es wurde ferner der Konferenz der Plan eines wirklich ständigen Gerichtshofes unterbreitet, der neben den Schiedshof von 1899 treten sollte. Die Mächte standen diesem Vorschlage in der Hauptsache freundlich gegenüber. An den Bestimmungen über die Zahl der Richter, die jede Macht für diesen Gerichtshof stellen sollte, scheiterte jedoch die Annahme des Projektes. Die Konferenz beschränkte sich infolgedessen darauf, den Mächten die Annahme des Entwurfes zu empfehlen, sobald man sich über die Auswahl der Richter und die Zusammensetzung des Gerichtshofes geeinigt haben würde.

Daß dieses Projekt fehlschlug, vermag ich persönlich nicht zu bedauern. Wie sehr auch die Entwickelung dahin geht, die Schiedshofliste des jetzigen ständigen Schiedshofes durch ein wirklich ständiges Schiedsgericht zu ersetzen, so erschien doch 1907 die Zeit hierzu noch nicht gekommen. Vor allen Dingen fehlte das Bedürfnis. Zudem verwirrt es nur die Geister, wenn man große Fortschritte auf der einen Seite macht, in der wichtigsten Frage, der obligatorischen Schiedsgerichtsbarkeit, aber auf demselben Punkte stehen bleibt.

Bezüglich der obligatorischen Schiedsgerichtsbarkeit wurden der Konferenz vor allem zwei Pläne vorgelegt. Die sogenannte „Liste" zählte die Materien auf, in denen die Staaten fortan keinerlei Einwand der nationalen Ehre usw. machen sollten. Das „Tableau" führte dagegen eine große Anzahl von Gegenständen auf; durch eine Einzeichnung in dieses Tableau konnten sich die Mächte für bestimmte Fälle der obligatorischen Schiedsgerichtsbarkeit unterwerfen. Beide Pläne scheiterten jedoch, und man einigte sich in letzter Stunde auf folgende Resolution, die als bedeutungslos deshalb bezeichnet werden muß, weil eine modifizierte Bestimmung der für die obligatorische Schiedsgerichtsbarkeit brauchbaren Fälle mißlang:

„Die Konferenz hat im Geiste der Verständigung und gegenseitigen Nachgiebigkeit, der eben der Geist ihrer Beratungen ist, die nachstehende Erklärung beschlossen, die zwar jeder der vertretenen Mächte die Wahrung ihres eigenen Standpunktes vorbehält, ihnen allen aber gestattet, die Grundsätze, die sie als einstimmig anerkannt ansehen, zu bestätigen. Sie ist einstimmig:

1. in der grundsätzlichen Anerkennung der obligatorischen Schiedssprechung;

2. in der Erklärung, daß gewisse Streitigkeiten, insbesondere solche über die Auslegung und Anwendung internationaler Vertragsabreden, geeignet sind, der obligatorischen Schiedssprechung ohne jede Einschränkung unterworfen zu werden.

Sie ist endlich einstimmig darin auszusprechen, daß, wenn es ihr auch nicht gelungen ist, schon jetzt ein Abkommen in diesem Sinne zustande zu bringen, doch die hervorgetretenen Meinungsverschiedenheiten die Grenzen einer juristischen Auseinandersetzung nicht überschritten haben und daß alle Mächte der Welt während ihres hiesigen viermonatigen Zusammenarbeitens nicht nur gelernt haben, einander besser zu verstehen und einander näherzutreten, sondern auch verstanden haben, während dieses langen Zusammenwirkens ein sehr hohes Gefühl für das Gemeinwohl der Menschheit zur Entwickelung zu bringen."

Vgl. Hershey, Convention for the peaceful Adjustment of International Differences, und Hull, Obligatory arbitration, beide im American Journal of International, Law II, 1908; Huber, Die Fortbildung des Völkerrechts durch die zweite Haager Friedenskonferenz, Jahrb. des Öffentl. Rechts, 1908 (behandelt Schiedsgerichtsbarkeit und Landkriegsrecht); Lammasch, Internationale Schiedsgerichtsbarkeit in Herders Staatslexikon, 3. Aufl., 2. Band; Manche, La déclaration de guerre et l'avenir de l'arbitrage international, Paris 1909; Russel Lowell, International arbitration as a substitute for war between nations, 1907; Phillipson, Two studies on international law, 1908 (behandelt Schiedsgerichtsbarkeit und Neutralität); Scott, The proposed court of arbitral justice, im American Journal of International law, II, 1908; Sturm, Die psychologische Grundlage des Rechts, ein Beitrag zur allgemeinen Rechtslehre und zum heutigen Friedensrecht, Hannover 1910; die Aufsätze von Zorn im Novemberheft 1907 der Marine-Rundschau und Heft 3 der Zeitschrift für Politik, 1909.

Dagegen kam in der Frage der sogenannten Dragodoktrin eine Einigung zustande. Nach dem Antrage Porter sollte für die Eintreibung von Forderungen gegen Schuldnerstaaten die Anwendung von Waffengewalt unzulässig sein. Man kam schließlich überein, daß bei vertragsmäßigen Geldschulden die Anwendung von Waffengewalt nur unter gewissen Voraussetzungen angewandt werden dürfe. Freilich hatte man dadurch schließlich gewissermaßen das Gegenteil von dem festgesetzt, was man eigentlich erreichen wollte. Man wollte die Waffengewalt gänzlich ausschließen und ließ sie am Ende, wenn auch nur bedingt, zu. Trotzdem bedeutet jene vertragsmäßige Einschränkung der früher schrankenlosen Gewalt sicherlich einen Fortschritt. Vgl. Drago, Les emprunts d'Etat et leurs rapports avec la politique internationale, in der Revue générale de droit international public, 1907; Moulin, La doctrine de Drago in Questions de Droit des Gens et de Politique internationale, Paris 1908; Raven, Geschichte und Bedeutung der Dragodoktrin, in Marine-Rundschau, November 1909; Scott, Hague Convention for the Restriction of the Use of Force to recover contract claims, im American Journal of International Law, 1908; Triana, La doctrina Drago, London 1908; Daehne van Varick, Le droit financier international devant la conférence de la Haye, la Haye, 1907.

II. Die Kriegsrechtsfragen.

Was zunächst das materielle Kriegsrecht, das 1907 neu geschaffen wurde, anlangt, so darf man dasselbe nicht überschätzen. Gerade in den wichtigsten Punkten gelangte man vielfach zu keiner Einigung.

Sowohl auf den Land- wie auf den Seekrieg bezieht sich das neue „Abkommen über den Beginn der Feindseligkeiten". Das Abkommen von 1899 über die Gesetze und Gebräuche des Landkrieges, sowie die Anlage hierzu wurden ergänzt. Einzelne Bestimmungen dieses Abkommens, die sich auf neutrales Eigentum bezogen, wurden aus der Anlage herausgenommen und in das neue Abkommen über die Rechte und Pflichten der neutralen Mächte und Personen im Falle eines Landkriegs eingereiht. Deutschland hatte eine Reihe von Bestimmungen vorgeschlagen, wonach im Kriege die im Lande des kriegführenden Staates wohnenden Angehörigen neutraler Staaten anders behandelt werden sollten als die eigenen Staatsangehörigen. Dieser Antrag drang aber nicht durch. Daher enthält dieses Abkommen keine besonders wichtigen neuen Bestimmungen.

Auf dem Gebiete des Seekriegsrechts wurde zunächst das Abkommen über die Lazarettschiffe von 1899 umgearbeitet; diese Aufgabe war vor allem deswegen nötig geworden, weil 1906 die Genfer Konvention für den Landkrieg von 1864 revidiert worden war. Hier wie bei vielen anderen kriegsrechtlichen Fragen ergab sich, daß das deutsche Auswärtige Amt in mühevoller und eifriger Tätigkeit bedeutsame Entwürfe für die Konferenz ausgearbeitet hatte. Die Namen der deutschen Delegierten Kriege, Göppert und des Delegationssekretärs Trautmann müssen hier ehrenvoll genannt werden. Auf der Konferenz selbst wurde der deutsche Standpunkt von Kriege und Siegel, der sich bereits 1899 hervorgetan hatte, in einer auch von den Gegnern stets bewunderten Weise vertreten, wie denn überhaupt Deutschland auf beide Haager Friedenskonferenzen größtenteils besonders fähige Staatsmänner und Militärs[1]) gesandt hatte. Wenn trotzdem die Resultate nicht allzu groß waren und namentlich die Fragen der Konterbande, der Blockade und der Zerstörung neutraler Prisen völlig ungelöst blieben, so lag dies an den großen Gegensätzen zwischen den einzelnen Staaten, insbesondere zwischen Deutschland und England. England wollte z. B. in der Minenfrage ein Verbot der Minenlegung auf hoher See durchsetzen und in der Frage der Rechte und Pflichten der neutralen Staaten den Zugang von Schiffen kriegführender Mächte in neutrale Häfen und Gewässer vollständig ausschließen. Für Deutschland aber war dieser Standpunkt unannehmbar: In der

[1]) Von den Offizieren des Landheeres taten sich 1899 Oberst Groß v. Schwarzhoff und 1907 Generalmajor v. Gündell hervor.

Minenfrage deswegen, weil wir bei unserer geringen Flotte und unserer Lage unmöglich auf die Legung von Minen auf hoher See verzichten können; in der Neutralitätsfrage deswegen, weil wir nicht wie England in der ganzen Welt maritime Stützpunkte haben. Aus diesem letzten Grunde konnten sich Deutschland und andere Staaten auch nicht auf das Verbot der Zerstörung neutraler Prisen einlassen. Ebensowenig war man bezüglich der Frage des Seebeuterechts einig; man setzte jedoch einige Beschränkungen in der Ausübung desselben fest und bestimmte, daß es wünschenswert sei, den Handelsschiffen bei Beginn des Krieges eine Frist zum Auslaufen zu gewähren. Zwei andere Abkommen handeln von der Umwandlung von Kauffahrteischiffen in Kriegsschiffe und der Beschießung durch Seestreitkräfte in Kriegszeiten. Man sprach ferner die beiden Wünsche aus, daß im Kriegsfalle die zuständigen Zivil- und Militärbehörden es sich zur ganz besonderen Pflicht machen sollten, den Fortbestand des friedlichen Verkehrs und namentlich der kaufmännischen und industriellen Beziehungen zwischen der Bevölkerung der kriegführenden Staaten und den neutralen Ländern zu sichern und zu schützen, ferner daß die Mächte durch besondere Abkommen die Lage der auf ihren Gebieten ansässigen Ausländer in Ansehung der Militärlasten regeln sollten.

Man dachte 1907 auch daran, die Bestimmungen des Abkommens über die Gesetze und Gebräuche des Landkrieges auf den Seekrieg anzuwenden. Doch scheiterte dieser Versuch, und die Konferenz begnügte sich nach einem

Berichte des holländischen Delegierten van Karnebeek (vgl. meine Ausführungen in „Marine-Rundschau", 1909, S. 1237 ff.) mit dem Wunsche, daß die Ausarbeitung einer Ordnung der Gesetze und Gebräuche des Seekrieges in das Programm der nächsten Konferenz aufgenommen würde, und daß die Mächte die Grundsätze des Landkriegsabkommens so lange nach Möglichkeit auf den Seekrieg anwenden sollten.

Vgl. insbesondere Huber, Das Neutralitätsrecht in seiner neuesten Gestaltung, in der Festschrift der juristischen Fakultät Zürich für den schweizerischen Juristenverein, 1908; Boidin, Les lois de la guerre et les deux conférences de la Haye, Paris 1908 (mit zahlreichen Literaturangaben); Endres, Die völkerrechtlichen Grundsätze der Kriegführung zu Lande und zur See, Berlin 1909; Fitger, Das Seekriegsrecht, Berlin 1909; Wehberg, Das Beuterecht im Land- und Seekriege, Tübingen 1909; Zorn, Die Fortschritte des Seekriegsrechtes durch die zweite Haager Friedenskonferenz, Tübingen 1908, sowie die sonstigen kriegsrechtlichen Schriften, die größtenteils in dem 26 seitigen „Grundriß des Völkerrechts" von Rohland (Freiburg i. Br. 1908) aufgezählt sind.

Bezüglich des formellen Kriegsrechts gelang der zweiten Friedenskonferenz ein einzigartiges Werk, nämlich die Schaffung eines Abkommens über die Errichtung eines internationalen Prisenhofes. Bisher hatte nämlich ein nationales Prisengericht ausschließlich über die Berechtigung der Wegnahme von Schiff und Ladung feindlicher oder neutraler Handelsschiffe im Seekriege zu entscheiden.

Jetzt soll die Entscheidung dieser nationalen Gerichte vor einem unparteiischen internationalen Gerichte angefochten werden können. Über die Bedeutung dieses Abkommens gehen die Ansichten auseinander. Zum mindesten aber wird man es als gutes Vorzeichen auffassen müssen, daß eine internationale Prisengerichtsbarkeit, die über die Akte der Offiziere der kriegführenden Staaten Recht sprechen soll, eingesetzt worden ist. Denn da es sich bei jenen Bestimmungen ganz zweifellos um obligatorische Schiedsgerichtsbarkeit handelt und Deutschland jener Errichtung nicht nur zugestimmt, sondern auch ihr seine eifrigste Unterstützung hat zuteil werden lassen, so ist zu erwarten, daß der Sieg der obligatorischen Schiedsgerichtsbarkeit recht bald kommen wird. Bisher ist übrigens dieses Abkommen noch von keinem einzigen Staate ratifiziert worden.

Vgl. Asser, De Internationale rechtspraak en het Prijzenhof, in Onze Leuw, Dezember 1908; Frans Donker Curtius, La Cour internationale de Prises, in Revue de droit intern. et de législation comparée, tome XI, 1909; Ozanam, La juridiction internationale des prises maritimes, Paris 1910. In Vorbereitung befindet sich eine längere Abhandlung von Pohl.

Die Londoner Seekriegskonferenz.

Nachdem das Abkommen über die Errichtung eines internationalen Prisengerichtshofes 1907 zustande gekommen war, trugen verschiedene Staaten vor allem deswegen Bedenken, dieses Abkommen zu ratifizieren, weil noch keine Einigung über die wichtigsten Punkte des materiellen Seekriegsrechts herbeigeführt worden war. Die zweite Haager Friedenskonferenz war namentlich bezüglich der Fragen über Blockade und Konterbande zu keinem Resultate gelangt. Freilich war in dem Prisengerichtsabkommen festgesetzt worden, daß jener internationale Prisengerichtshof in erster Linie die internationalen Verträge, in zweiter Linie die allgemein anerkannten Regeln des internationalen Rechts und in dritter Linie die allgemeinen Grundsätze der Gerechtigkeit und der Billigkeit berücksichtigen sollte. Aber ververschiedenen Mächten war diese materielle Grundlage wohl mit Recht etwas unsicher.

Daher lud die englische Regierung im März 1908 Deutschland, Nordamerika, Österreich-Ungarn, Frankreich, Spanien, Italien, Japan, Holland und Rußland zu einer Seekriegskonferenz nach London ein, die vom 4. Dezember 1908 bis zum 26. Februar 1909 tagte. Man hatte nur eine kleinere Anzahl Staaten eingeladen, um dadurch besser zu einer Einigung zu gelangen. Deutschland sandte als seinen ersten Bevollmächtigten Kriege zur Konferenz. Man gelangte in London in ungefähr allen Streitfragen zu allgemeiner Einigung, so daß die Konferenz den größten Fortschritt bedeutet, den das Seekriegsrecht seit 1856 erreicht hat. Nur bezüglich zweier Punkte gelang der Konferenz keine Einigung, nämlich ob für die feindliche oder neutrale Eigenschaft des Eigentümers der an Bord feindlicher Kauffahrteischiffe befindlichen Waren die Staatsangehörigkeit oder der Wohnsitz des Eigentümers maßgebend ist und ob die Umwandlung von Kauffahrteischiffen in Kriegsschiffe auf hoher See stattfinden darf.

Außerdem sprach die Konferenz noch folgenden Wunsch aus: „Die Delegierten der Mächte, die auf der Londoner Seekriegsrechtskonferenz vertreten sind und das Haager Abkommen vom 18. Oktober 1907 über die Errichtung eines internationalen Prisenhofes unterzeichnet oder die Absicht, es zu unterzeichnen, ausgesprochen haben, sind in Anbetracht der verfassungsrechtlichen Schwierigkeiten, die für gewisse Staaten der Ratifikation dieses Abkommens in seiner gegenwärtigen Form entgegenstehen, darin einig, ihren Regierungen darzulegen, welchen Vorteil der Abschluß einer Vereinbarung bieten würde, auf Grund deren diese Staaten befugt wären, bei der Hinterlegung ihrer Ratifikationsurkunden den Vorbehalt zu machen, daß das Recht, den Internationalen Prisenhof gegenüber den Entscheidungen ihrer nationalen Gerichte anzurufen, in der Form einer unmittelbaren Klage auf Schadensersatz geltend zu machen ist; vorausgesetzt wird jedoch, daß dieser Vorbehalt nicht die Wirkung hat, die durch das bezeichnete Abkommen den Privatpersonen oder ihren Regierungen gewährleisteten Rechte zu beeinträchtigen, und daß die Fassung des Vorbehalts den Gegenstand einer weiteren Übereinkunft zwischen den Signatärmächten dieses Abkommens bildet."

Vgl. die Konferenzprotokolle im englischen Blaubuch Miscellaneous Nr. 5 von 1909 (Verlag Wymans and Sons, London E. C.); Hold v. Ferneck, Die

Londoner Seekriegskonferenz, in Grünhuts Zeitschrift, XXXVI, 301; Lémonon, La conférence navale de Londres, in Revue de droit international et de législation comparée, 2e série, tome 11, No. 3, sowie in Revue politique et parlamentaire, tome 61, No. 181; Niemeyer, Das Seekriegsrecht nach der Londoner Deklaration, Berlin 1910; Nippold im zweiten Bande seiner Zweiten Haager Friedenskonferenz; Oppenheim, Ennemy character after the declaration of London, in The law Quaterly review, vol. 25, No. 100; Politis, La déclaration de Londres de 1909 sur divers points de droit maritime, in Journal de droit international privé et de le jurisprudence comparée, 36. Jahrg., Nr. 7.

Einführende Worte.

Im folgenden werden die Abkommen der zweiten Haager Friedenskonferenz, der Londoner Seekriegskonferenz und der Genfer Konferenz von 1906 in der amtlichen deutschen Übersetzung wiedergegeben. Wo ich von dieser Übersetzung abgewichen bin, habe ich dies besonders vermerkt. Zu beachten ist freilich, daß bei Auslegungsfragen stets der französische Urtext entscheidend ist. Dieser konnte aber aus Raumrücksichten nicht aufgenommen werden. Aus gleichen Gründen mußten die Anmerkungen auf das Notwendigste beschränkt werden. Nur bei der Londoner Seekriegskonvention ließen sich zahlreichere Erklärungen nicht umgehen.

Ich möchte noch auf den Unterschied zwischen der Unterzeichnung und der Ratifikation der Akte aufmerksam machen. Durch die Unterzeichnung der Akte bei Schluß der Konferenz durch die Delegierten soll lediglich festgestellt werden, daß sich die Delegierten über gewisse Punkte geeinigt haben. Die bindende Verpflichtung übernehmen die Staaten erst durch die Ratifikation der Akte. Zwölf Abkommen der zweiten Haager Friedenskonferenz sind durch Veröffentlichung im Reichsgesetzblatte 1910, S. 5ff., die neue Genfer Konvention durch Veröffentlichung im Reichsgesetzblatte 1907, S. 303ff., deutsche Reichsgesetze geworden.

Düsseldorf, im April 1910.

Dr. jur. **Hans Wehberg.**

I. Abkommen zur friedlichen Erledigung internationaler Streitfälle[1]).

Vom 18. Oktober 1907.

(RGBl. 1910 Nr. 2 S. 5.)

I. Dieses Abkommen ist, mit Ausnahme von Nikaragua, von allen Staaten unterzeichnet worden.

Bei der Unterzeichnung haben Vorbehalte erklärt:

1. Die Vereinigten Staaten von Amerika gemäß folgender Erklärung in der neunten Plenarsitzung am 16. Oktober 1907:

„Von dem Inhalte dieses Abkommens darf nichts derart ausgelegt werden, daß es die Vereinigten Staaten von Amerika verpflichtete, von ihrer überlieferten Politik abzuweichen, auf Grund deren sie sich eines Eingreifens, einer Einmengung oder Einmischung in die politischen Fragen oder in die Politik oder in die innere Verwaltung irgendeines fremden Staates enthalten. Es ist gleichermaßen selbstverständlich, daß in dem Abkommen nichts so ausgelegt werden darf, als wenn es für die Vereinigten Staaten von Amerika ein Aufgeben ihrer überlieferten Haltung der rein amerikanischen Fragen in sich schlösse."

2. Brasilien, betreffend Artikel 53 Abs. 2, 3, 4.

---

[1]) In den Einleitungsworten dieses Abkommens wird von den Mächten ihre Friedensliebe versichert.

3. Chile, betreffend Artikel 39. Es will unter den in Artikel 39 genannten Streitverhältnissen nicht die vor dem Abschlusse des Abkommens entstandenen Streitigkeiten verstanden wissen.

4. Griechenland, betreffend Artikel 53 Abs. 2.

5. Japan, betreffend Artikel 48 Abs. 3, 4, Artikel 53 Abs. 2, Artikel 54.

6. Rumänien,

a) betreffend Artikel 38: „Die Kgl. Rumänische Regierung, ganz eingenommen für den Grundsatz der fakultativen Schiedssprechung, deren volle Wichtigkeit sie in den internationalen Beziehungen schätzt, versteht sich gleichwohl nicht dazu, durch Artikel 38 eine Verpflichtung zur Annahme einer Schiedssprechung in allen dort vorgesehenen Fällen zu übernehmen, und sie glaubt, in dieser Hinsicht ausdrückliche Vorbehalte machen zu müssen. Sie kann daher für diesen Artikel nur mit diesem Vorbehalte stimmen."

b) betreffend Artikel 39: „Die Kgl. Rumänische Regierung erklärt, daß sie dem Artikel 39 nur mit dem ausdrücklichen, in das Protokoll aufzunehmenden Vorbehalte beitreten kann, daß sie entschlossen ist, für Streitverhältnisse oder Streitigkeiten aus der Zeit vor dem Abschlusse dieses Abkommens in keinem Falle eine internationale Schiedssprechung anzunehmen."

c) betreffend Artikel 40: „Die Kgl. Rumänische Regierung erklärt, daß sie sich nicht dazu versteht, mit dem Beitritte zum Artikel 40 des Abkommens irgendeine Verpflichtung in Sachen der obligatorischen Schiedssprechung zu übernehmen."

7. Schweiz, betreffend Artikel 53 Ziff. 2.

8. Die Türkei, betreffend Artikel 48 Abs. 3, 4, Artikel 53 Abs. 2. Sie erklärt ferner, sie betrachte alle Mittel dieses Abkommens nur als fakultativ und werde auch allein

darüber entscheiden, ob sie von diesen Mitteln Gebrauch machen will, ohne daß ihre Entscheidung von den anderen Mächten als ein unfreundlicher Akt aufgefaßt werden darf. Sie bezeichnet es ferner als selbstverständlich, daß alle diese Mittel nicht bei Streitfragen der inneren Politik angewandt werden.

II. Dieses Abkommen ist am 27. November 1909 von Deutschland, den Vereinigten Staaten von Amerika, Oesterreich-Ungarn, Bolivien, China, Dänemark, Mexiko, den Niederlanden, Rußland, Salvador und Schweden ratifiziert worden. Ueber die erste Hinterlegung der Ratifikationsurkunden ist am 27. November 1909 ein Protokoll aufgenommen worden. Die Vereinigten Staaten von Amerika haben bei der Ratifikation den bereits bei der Unterzeichnung gemachten Vorbehalt wiederholt und einen neuen Vorbehalt hinzugefügt, der folgendem von dem Senate der Vereinigten Staaten bei der Zustimmung zur Ratifikation gefaßten Beschlusse vom 2. April 1908 entspricht: „Beschlossen ferner als ein Teil dieses Ratifikationsaktes: Daß die Vereinigten Staaten dieses Abkommen mit der Maßgabe genehmigen, daß die Anrufung des ständigen Schiedshofes behufs Erledigung von Streitigkeiten nur auf Grund eines zwischen den im Streite befindlichen Teilen geschlossenen oder in Zukunft zu schließenden allgemeinen oder besonderen Schiedsabkommens erfolgen kann; und daß die Vereinigten Staaten von der im Artikel 53 des Abkommens gegebenen Freiheit, eine Feststellung des Schiedsvertrages durch den ständigen Schiedshof auszuschließen, jetzt Gebrauch machen und hierdurch von der Zuständigkeit des ständigen Schiedshofes die Befugnis ausschließen, einen durch die von den Vereinigten Staaten geschlossenen oder in Zukunft zu schließenden Schiedsabkommen erforderten Schiedsvertrag festzustellen und daß sie ferner ausdrücklich erklären, daß, wenn ein Schiedsabkommen, woran die Vereinigten Staaten beteiligt sein möchten, einen Schiedsvertrag erfordert, dieser nur durch Uebereinkommen zwischen den Vertragsparteien festgestellt werden soll, es sei denn, daß ein solches Schiedsabkommen ausdrücklich ein anderes bestimmt."

III. Diesem Abkommen ist Nikaragua am 16. Dezember 1909 beigetreten.

Erster Titel.

Erhaltung des allgemeinen Friedens.

1. Um in den Beziehungen zwischen den Staaten die Anrufung der Gewalt so weit wie möglich zu verhüten, erklären sich die Vertragsmächte einverstanden[1]), alle ihre Bemühungen aufwenden zu wollen, um die friedliche Erledigung der internationalen Streitfragen zu sichern[2]).

Zweiter Titel.

Gute Dienste und Vermittelung.

2. Die Vertragsmächte kommen überein, im Falle einer ernsten Meinungsverschiedenheit oder eines Streites[3]), bevor sie zu den Waffen greifen, die guten Dienste oder die Vermittelung einer be-

---

[1]) Nicht „verpflichten sich", wie es in den späteren Artikeln heißt. Dieser Artikel ist lediglich eine allgemeine Einleitung.

[2]) Insbesondere durch diplomatische Verhandlungen.

[3]) Nur bei einer ernsten Meinungsverschiedenheit oder einem wirklichen Streit empfiehlt sich die Anrufung eines Vermittlers. Vgl. die allgemeinere Fassung des Art. 1, wo lediglich von „Streitfragen" die Rede ist.

freundeten Macht oder mehrerer befreundeter Mächte anzurufen, soweit dies die Umstände gestatten werden.

3. Unabhängig hiervon halten die Vertragsmächte es für nützlich und wünschenswert, daß eine Macht oder mehrere Mächte, die am Streite nicht beteiligt sind, aus eigenem Antriebe den im Streite befindlichen Staaten ihre guten Dienste oder ihre Vermittelung anbieten, soweit sich die Umstände hierfür eignen.

Das Recht, gute Dienste oder Vermittelung anzubieten, steht den am Streite nicht beteiligten Staaten auch während des Ganges der Feindseligkeiten[1]) zu.

Die Ausübung dieses Rechtes kann niemals von einem der streitenden Teile als unfreundliche Handlung angesehen werden.

4. Die Aufgabe des Vermittlers besteht darin, die einander entgegengesetzten Ansprüche auszugleichen und Verstimmungen zu beheben, die zwischen den im Streite befindlichen Staaten etwa entstanden sind.

5. Die Tätigkeit des Vermittlers hört auf, sobald, sei es durch einen der streitenden Teile, sei es durch den Vermittler selbst festgestellt wird, daß die

---

[1]) Die Vermittelung dient somit nicht nur zur Vermeidung, sondern auch zur Beendigung kriegerischer Konflikte.

von diesem vorgeschlagenen Mittel der Verständigung nicht angenommen werden.

6. Gute Dienste und Vermittelung, seien sie auf Anrufen der im Streite befindlichen Teile eingetreten oder aus dem Antriebe der am Streite nicht beteiligten Mächte hervorgegangen, haben ausschließlich die Bedeutung eines Rates und niemals verbindliche Kraft.

7. Die Annahme der Vermittelung kann, unbeschadet anderweitiger Vereinbarung, nicht die Wirkung haben, die Mobilmachung und andere den Krieg vorbereitende Maßnahmen zu unterbrechen, zu verzögern oder zu hemmen.

Erfolgt sie nach Eröffnung der Feindseligkeiten, so werden von ihr, unbeschadet anderweitiger Vereinbarung, die im Gange befindlichen militärischen Unternehmungen nicht unterbrochen.

8. Die Vertragsmächte sind einverstanden, unter Umständen, die dies gestatten, die Anwendung einer besonderen Vermittelung in folgender Form zu empfehlen[1]):

Bei ernsten, den Frieden gefährdenden Streitfragen, wählt jeder der im Streite befindlichen Staaten eine Macht, die er mit der Aufgabe betraut, in unmittelbare Verbindung mit der von der anderen Seite gewählten Macht zu treten, um den Bruch der friedlichen Beziehungen zu verhüten.

---

[1]) Hier heißt es nicht „verpflichten sich . . .", sondern „sind einverstanden, zu empfehlen".

Während der Dauer dieses Auftrags, die, unbeschadet anderweitiger Abrede, eine Frist von dreißig Tagen nicht überschreiten darf, stellen die streitenden Staaten jedes unmittelbare Benehmen über den Streit ein, welcher als ausschließlich den vermittelnden Mächten übertragen gilt. Diese sollen alle Bemühungen aufwenden, um die Streitfrage zu erledigen.

Kommt es zum wirklichen Bruche der friedlichen Beziehungen, so bleiben diese Mächte mit der gemeinsamen Aufgabe betraut, jede Gelegenheit zu benutzen, um den Frieden wiederherzustellen.

Dritter Titel.

Internationale Untersuchungskommissionen.

9. Bei internationalen Streitigkeiten[1]), die weder die Ehre noch wesentliche Interessen berühren und einer verschiedenen Würdigung von Tatsachen entspringen, erachten die Vertragsmächte es für nützlich und wünschenswert[2]), daß die Parteien, die sich auf diplomatischem Wege nicht haben einigen können, soweit es die Umstände gestatten, eine internationale Untersuchungskommission einsetzen mit dem Auftrage,

---

[1]) Hier braucht es sich nicht wie bei der Vermittelung um ernste Meinungsverschiedenheiten oder um einen wirklichen Streit zu handeln.

[2]) Es heißt nicht „verpflichten sich“. Trotzdem ist der fakultative Charakter außerdem noch durch die Ehren- und Umstandsklausel scharf hervorgehoben.

die Lösung dieser Streitigkeiten zu erleichtern, indem sie durch eine unparteiische und gewissenhafte Prüfung die Tatfragen aufklären.

10. Die internationalen Untersuchungskommissionen werden durch besonderes Abkommen der streitenden Teile gebildet.

Das Untersuchungsabkommen gibt die zu untersuchenden Tatsachen an; es bestimmt die Art und die Frist, in denen die Kommission gebildet wird, sowie den Umfang der Befugnisse der Kommissare.

Es bestimmt gegebenenfalls ferner den Sitz der Kommission und die Befugnis, ihn zu verlegen, die Sprache, deren die Kommission sich bedienen wird, und die Sprachen, deren Gebrauch vor ihr gestattet sein soll, den Tag, bis zu dem jede Partei ihre Darstellung des Tatbestandes einzureichen hat, sowie überhaupt alle Punkte, worüber die Parteien sich geeinigt haben.

Erachten die Parteien die Ernennung von Beisitzern für nötig, so bestimmt das Untersuchungsabkommen die Art ihrer Bestellung und den Umfang ihrer Befugnisse.

11. Hat das Untersuchungsabkommen den Sitz der Kommission nicht bezeichnet, so hat diese ihren Sitz im Haag.

Der einmal bestimmte Sitz kann von der Kommission nur mit Zustimmung der Parteien verlegt werden.

Hat das Untersuchungsabkommen die zu gebrauchenden Sprachen nicht bestimmt, so wird darüber von der Kommission entschieden.

12. Sofern nicht ein anderes verabredet ist, werden die Untersuchungskommissionen in der in den Artikeln 45, 57 dieses Abkommens bezeichneten Weise gebildet.

13. Im Falle des Todes, des Rücktritts oder der aus irgend einem Grunde stattfindenden Verhinderung eines Kommissars oder eines etwaigen Beisitzers erfolgt sein Ersatz in der für seine Ernennung vorgesehenen Weise.

14. Die Parteien haben das Recht, bei der Untersuchungskommission besondere Agenten zu bestellen mit der Aufgabe, sie zu vertreten und zwischen ihnen und der Kommission als Mittelspersonen zu dienen.

Sie sind außerdem berechtigt, Rechtsbeistände oder Anwälte, die sie ernennen, mit der Darlegung und Wahrnehmung ihrer Interessen vor der Kommission zu beauftragen.

15. Das Internationale Bureau des Ständigen Schiedshofs dient den Kommissionen, die ihren Sitz im Haag haben, für die Bureaugeschäfte und hat sein Geschäftslokal und seine Geschäftseinrichtung den Vertragsmächten für die Tätigkeit der Untersuchungskommission zur Verfügung zu stellen.

16. Hat die Kommission ihren Sitz anderswo als im Haag, so ernennt sie einen Generalsekretär, dessen Bureau ihr für die Bureaugeschäfte dient.

Dem Bureauvorstande liegt es ob, unter der Leitung des Vorsitzenden die äußeren Vorkehrungen für die Sitzungen der Kommission zu treffen, die Protokolle abzufassen und während der Dauer der Untersuchung das Archiv aufzubewahren, das später an das Internationale Bureau im Haag abzugeben ist.

17. Um die Einsetzung und die Tätigkeit der Untersuchungskommissionen zu erleichtern, empfehlen die Vertragsmächte die nachstehenden Regeln, die auf das Untersuchungsverfahren Anwendung finden, soweit die Parteien nicht andere Regeln angenommen haben.

18. Die Kommission soll die Einzelheiten des Verfahrens bestimmen, die weder in dem Untersuchungsabkommen noch in dem vorliegenden Abkommen geregelt sind, sie soll zu allen Förmlichkeiten schreiten, welche die Beweisaufnahme mit sich bringt.

19. Die Untersuchung erfolgt kontradiktorisch.

Zu den vorgesehenen Zeiten übermittelt jede Partei der Kommission und der Gegenpartei gegebenen Falles die Darlegungen über den Tatbestand und in jedem Falle die Akten, Schriftstücke und Urkunden, die sie zur Ermittelung der Wahrheit für nützlich erachtet, sowie eine Liste der Zeugen und Sachverständigen, deren Vernehmung sie wünscht.

20. Die Kommission ist befugt, mit Zustimmung der Parteien sich zeitweilig an Orte zu begeben, wo

sie dieses Aufklärungsmittel anzuwenden für nützlich erachtet, oder dorthin eins oder mehrere ihrer Mitglieder abzuordnen. Die Erlaubnis des Staates, auf dessen Gebiete zu der Aufklärung geschritten werden soll, ist einzuholen.

21. Alle tatsächlichen Feststellungen und Augenscheinseinnahmen müssen in Gegenwart oder nach gehöriger Ladung der Agenten und Rechtsbeistände der Parteien erfolgen.

22. Die Kommission hat das Recht, von beiden Parteien alle Auskünfte oder Aufklärungen zu verlangen, die sie für nützlich erachtet.

23. Die Parteien verpflichten sich, der Untersuchungskommission in dem weitesten Umfange, den sie für möglich halten [1]), alle zur vollständigen Kenntnis und genauen Würdigung der in Frage kommenden Tatsachen notwendigen Mittel und Erleichterungen zu gewähren.

Sie verpflichten sich, diejenigen Mittel, über welche sie nach ihrer inneren Gesetzgebung verfügen, anzuwenden, um das Erscheinen der vor die Kommission geladenen Zeugen und Sachverständigen, die sich auf ihrem Gebiete befinden, herbeizuführen.

Sie werden, wenn diese nicht vor der Kommission erscheinen können, deren Vernehmung durch ihre zuständigen Behörden veranlassen.

---

[1]) Es besteht keine absolute Verpflichtung der Parteien zur Lieferung von Beweismaterial.

24[1]. Die Kommission wird sich zur Bewirkung aller Zustellungen, die sie im Gebiet einer dritten Vertragsmacht herbeizuführen hat, unmittelbar an die Regierung dieser Macht wenden. Das gleiche gilt, wenn es sich um die Herbeiführung irgendwelcher Beweisaufnahmen an Ort und Stelle handelt.

Die zu diesem Zweck erlassenen Ersuchen sind nach Maßgabe derjenigen Mittel zu erledigen, über welche die ersuchte Macht nach ihrer inneren Gesetzgebung verfügt. Sie können nur abgelehnt werden, wenn diese Macht sie für geeignet hält, ihre Hoheitsrechte oder ihre Sicherheit zu gefährden.

Auch steht der Kommission stets frei, die Vermittelung der Macht in Anspruch zu nehmen, in deren Gebiete sie ihren Sitz hat.

25. Die Zeugen und die Sachverständigen werden durch die Kommission auf Antrag der Parteien oder von Amts wegen geladen, und zwar in allen Fällen durch Vermittelung der Regierung des Staates, in dem sie sich befinden.

Die Zeugen werden nacheinander und jeder für sich in Gegenwart der Agenten und Rechtsbeistände und in der von der Kommission bestimmten Reihenfolge vernommen.

26. Die Vernehmung der Zeugen erfolgt durch den Vorsitzenden.

---

[1]) Vgl. Art. 27 des XII. Abkommens.

Doch dürfen die Mitglieder der Kommission an jeden Zeugen die Fragen richten, die sie zur Erläuterung oder Ergänzung seiner Aussage oder zu ihrer Aufklärung über alle den Zeugen betreffenden Umstände für zweckdienlich erachten, soweit es zur Ermittelung der Wahrheit notwendig ist.

Die Agenten und die Rechtsbeistände der Parteien dürfen den Zeugen in seiner Aussage nicht unterbrechen, noch irgend eine unmittelbare Anfrage an ihn richten; sie können aber den Vorsitzenden bitten, ergänzende Fragen, die sie für nützlich halten, dem Zeugen vorzulegen.

27. Dem Zeugen ist es bei seiner Aussage nicht gestattet, einen geschriebenen Entwurf zu verlesen. Doch kann er von dem Vorsitzenden ermächtigt werden, Aufzeichnungen oder Urkunden zu benutzen, wenn die Natur der zu bekundenden Tatsachen eine solche Benutzung erheischt.

28. Über die Aussage des Zeugen wird während der Sitzung ein Protokoll aufgenommen, das dem Zeugen vorgelesen wird. Der Zeuge darf dazu die ihm gut scheinenden Änderungen und Zusätze machen, die am Schlusse seiner Aussage vermerkt werden.

Nachdem dem Zeugen seine ganze Aussage vorgelesen ist, wird er zur Unterzeichnung aufgefordert.

29. Die Agenten sind befugt, im Laufe oder am Schlusse der Untersuchung der Kommission und der Gegenpartei solche Ausführungen, Anträge oder Sach-

darstellungen schriftlich vorzulegen, die sie zur Ermittelung der Wahrheit für nützlich halten[1].

30. Die Beratung der Kommission erfolgt nicht öffentlich und bleibt geheim.

Jede Entscheidung ergeht nach der Mehrheit der Mitglieder der Kommission.

Die Weigerung eines Mitglieds, an der Abstimmung teilzunehmen, muß im Protokolle festgestellt werden.

31. Die Sitzungen der Kommission sind nur öffentlich und die Protokolle und Urkunden der Untersuchung werden nur veröffentlicht auf Grund eines mit Zustimmung der Parteien gefaßten Kommissionsbeschlusses.

32. Nachdem die Parteien alle Aufklärungen und Beweise vorgetragen haben und nachdem alle Zeugen vernommen worden sind, spricht der Vorsitzende den Schluß der Untersuchung aus; die Kommission vertagt sich, um ihren Bericht zu beraten und abzufassen.

33. Der Bericht wird von allen Mitgliedern der Kommission unterzeichnet.

Verweigert ein Mitglied seine Unterschrift, so wird dies vermerkt; der Bericht bleibt gleichwohl gültig.

---

[1]) Man wollte eine gewisse Grenze zwischen dem Verfahren vor den Untersuchungskommissionen und dem Schiedsgerichte wahren, und stellte deshalb als die Regel nicht das Plädieren, sondern die schriftliche Niederlegung der Ausführungen usw. hin.

34. Der Bericht der Kommission wird in öffentlicher Sitzung in Gegenwart oder nach gehöriger Ladung der Agenten und Rechtsbeistände der Parteien verlesen.

Jeder Partei wird eine Ausfertigung des Berichts zugestellt.

35. Der Bericht der Kommission, der sich auf die Feststellung der Tatsachen beschränkt, hat in keiner Weise die Bedeutung eines Schiedsspruchs. Er läßt den Parteien volle Freiheit in Ansehung der Folge, die dieser Feststellung zu geben ist.

36. Jede Partei trägt ihre eigenen Kosten selbst und die Kosten der Kommission zu gleichem Anteile.

Vierter Titel.

Internationale Schiedssprechung.

Erstes Kapitel.

Schiedswesen.

37. Die internationale Schiedssprechung hat zum Gegenstande die Erledigung von Streitigkeiten[1]) zwischen den Staaten durch Richter ihrer Wahl auf Grund der Achtung vor dem Rechte.

Die Anrufung der Schiedssprechung schließt die

---

[1]) Es ist hier nicht wie bei der Vermittelung eine ernste Meinungsverschiedenheit oder ein wirklicher Konflikt erforderlich.

Verpflichtung in sich, sich nach Treu und Glauben dem Schiedsspruche zu unterwerfen[1]).

38. In Rechtsfragen[2]) und in erster Linie in Fragen der Auslegung oder der Anwendung internationaler Vereinbarungen wird die Schiedssprechung von den Vertragsmächten als das wirksamste und zugleich der Billigkeit am meisten entsprechende Mittel anerkannt, um die Streitigkeiten zu erledigen, die auf diplomatischem Wege nicht geschlichtet worden sind[3]).

Demzufolge wäre es wünschenswert, daß bei Streitigkeiten über die vorerwähnten Fragen die Vertragsmächte eintretenden Falles die Schiedssprechung anrufen, soweit es die Umstände gestatten.

39. Schiedsabkommen werden für bereits entstandene oder für etwa entstehende Streitverhältnisse abgeschlossen.

Sie können sich auf alle Streitigkeiten oder nur auf Streitigkeiten einer bestimmten Art beziehen.

40. Unabhängig von den allgemeinen und besonderen Verträgen, die schon jetzt den Vertrags-

---

[1]) Ein Zwangsmittel gibt es hierfür nicht; bisher wurden alle Schiedssprüche ausnahmslos von den Staaten erfüllt. Vgl. übrigens Art. 9 des XII. Abkommens.

[2]) Also nicht „politischer Fragen". Eine Grenzlinie zwischen politischen und rechtlichen Fragen hat man aber nicht zu ziehen vermocht. Dies ist auch unmöglich.

[3]) Die amtliche deutsche Übersetzung sagt unrichtig: „die nicht auf diplomatischem Wege haben beseitigt werden können".

mächten die Verpflichtung zur Anrufung der Schiedssprechung auferlegen, behalten diese Mächte sich vor, neue allgemeine oder besondere Übereinkommen abzuschließen, um die obligatorische Schiedssprechung auf alle Fälle auszudehnen, die ihr nach ihrer Ansicht unterworfen werden können.

Zweites Kapitel.
Ständiger Schiedshof.

41. Um die unmittelbare Anrufung der Schiedssprechung für die internationalen Streitfragen zu erleichtern, die nicht auf diplomatischem Wege haben erledigt werden können[1]), machen sich die Vertragsmächte anheischig[2]), den Ständigen Schiedshof, der jederzeit zugänglich ist und, unbeschadet anderweitiger Abrede der Parteien, nach Maßgabe der in diesem Abkommen enthaltenen Bestimmungen über das Verfahren tätig wird, in der ihm von der Ersten Friedenskonferenz gegebenen Einrichtung zu erhalten.

42. Der Ständige Schiedshof ist für alle Schiedsfälle zuständig, sofern nicht zwischen den Parteien über die Einsetzung eines besonderen Schiedsgerichts Einverständnis besteht.

43. Der Ständige Schiedshof hat seinen Sitz im Haag.

---

1) In Art. 38 heißt es: „die nicht .... erledigt worden sind."

2) s'engagent.

Ein Internationales Bureau[1]) dient dem Schiedshofe für die Bureaugeschäfte. Es vermittelt die auf den Zusammentritt des Schiedshofs sich beziehenden Mitteilungen; es hat das Archiv unter seiner Obhut und besorgt alle Verwaltungsgeschäfte.

Die Vertragsmächte machen sich anheischig, dem Bureau möglichst bald beglaubigte Abschrift einer jeden zwischen ihnen getroffenen Schiedsabrede sowie eines jeden Schiedsspruchs mitzuteilen[2]), der sie betrifft und durch besondere Schiedsgerichte erlassen ist.

Sie machen sich anheischig, dem Bureau ebenso die Gesetze, allgemeinen Anordnungen und Urkunden mitzuteilen, die gegebenen Falles die Vollziehung der von dem Schiedshof erlassenen Sprüche dartun.

44. Jede Vertragsmacht benennt höchstens vier Personen[3]) von anerkannter Sachkunde in Fragen des Völkerrechts, die sich der höchsten sittlichen Achtung erfreuen[4]) und bereit sind, ein Schiedsrichteramt zu übernehmen.

Die so benannten Personen sollen unter dem Titel von Mitgliedern des Schiedshofs in eine Liste

---

[1]) Dieses Bureau befindet sich seit Anfang an auf der Prinsegracht 71 im Haag.

[2]) was nicht immer geschieht.

[3]) Deutschland hat den Wirkl. Geh. Leg.-Rat Kriege und die Professoren v. Bar (Göttingen) und v. Martitz (Berlin) benannt. An Stelle des verstorbenen Oberlandesgerichtspräsidenten Sieveking wurde noch kein neuer ernannt.

[4]) Vgl. Art. 10 des XII. Abkommens.

eingetragen werden; diese soll allen Vertragsmächten durch das Bureau mitgeteilt werden.

Jede Änderung in der Liste der Schiedsrichter wird durch das Bureau zur Kenntnis der Vertragsmächte gebracht.

Zwei oder mehrere Mächte können sich über die gemeinschaftliche Benennung eines Mitglieds oder mehrerer Mitglieder verständigen.

Dieselbe Person kann von verschiedenen Mächten benannt werden.

Die Mitglieder des Schiedshofs werden für einen Zeitraum von sechs Jahren ernannt. Ihre Wiederernennung ist zulässig.

Im Falle des Todes oder des Ausscheidens eines Mitglieds des Schiedshofs erfolgt sein Ersatz in der für seine Ernennung vorgesehenen Weise und für einen neuen Zeitraum von sechs Jahren[1]).

45. Wollen die Vertragsmächte sich zur Erledigung einer unter ihnen entstandenen Streitfrage an den Schiedshof wenden, so muß die Auswahl der Schiedsrichter, welche berufen sind, das für die Entscheidung dieser Streitfrage zuständige Schiedsgericht zu bilden, aus der Gesamtliste der Mitglieder des Schiedshofs erfolgen[2]).

---

[1]) Vgl. Art. 11 des XII. Abkommens.

[2]) Nicht in der Schiedshofsliste benannte Personen sind als Richter ausgeschlossen. Wollen die Parteien Richter ernennen, die nicht auf der Liste stehen, so müssen sie ihren Streit eben nicht dem Ständigen Schiedshofe, sondern

In Ermangelung einer Bildung des Schiedsgerichts mittels Verständigung der Parteien wird in folgender Weise verfahren:

Jede Partei ernennt zwei Schiedsrichter, von denen nur einer ihr Staatsangehöriger sein[1]) oder unter den von ihr benannten Mitgliedern des Ständigen Schiedshofs ausgewählt werden darf. Diese Schiedsrichter wählen gemeinschaftlich einen Obmann[2]).

Bei Stimmengleichheit wird die Wahl des Obmanns einer dritten Macht anvertraut, über deren Bezeichnung sich die Parteien einigen.

Kommt eine Einigung hierüber nicht zustande, so bezeichnet jede Partei eine andere Macht, und die Wahl des Obmanns erfolgt durch die so bezeichneten Mächte in Übereinstimmung.

Können sich diese beiden Mächte binnen zwei Monaten nicht einigen, so schlägt jede von ihnen zwei Personen vor, die aus der Liste der Mitglieder des Ständigen Schiedshofs, mit Ausnahme der von den Parteien benannten Mitglieder, genommen und

---

einem besonders vereinbarten Schiedsgerichte überweisen, was Art. 42 — freilich als Ausnahme — vorsieht.

[1]) Es wird sich auf die Dauer nicht festhalten lassen, daß die Parteien im Schiedsgerichte selbst vertreten sind. Den Grundsätzen der Unparteilichkeit schlägt diese Bestimmung geradezu ins Gesicht. Vgl. Art. 16 des XII. Abkommens.

[2]) Vgl. Art. 19 des XII. Abkommens.

nicht Staatsangehörige einer von ihnen sind. Das Los bestimmt, welche unter den so vorgeschlagenen Personen der Obmann sein soll.

46. Sobald das Schiedsgericht gebildet ist[1]), teilen die Parteien dem Bureau ihren Entschluß, sich an den Schiedshof zu wenden, den Wortlaut ihres Schiedsvertrags und die Namen der Schiedsrichter mit.

Das Bureau gibt unverzüglich jedem Schiedsrichter den Schiedsvertrag und die Namen der übrigen Mitglieder des Schiedsgerichts bekannt.

Das Schiedsgericht tritt an dem von den Parteien festgesetzten Tage zusammen. Das Bureau sorgt für seine Unterbringung.

Die Mitglieder des Schiedsgerichts genießen während der Ausübung ihres Amtes und außerhalb ihres Heimatlandes[2]) die diplomatischen Vorrechte und Befreiungen[3]).

47. Das Bureau ist ermächtigt, sein Geschäftslokal und seine Geschäftseinrichtung den Vertragsmächten für die Tätigkeit eines jeden besonderen Schiedsgerichts zur Verfügung zu stellen.

Die Schiedsgerichtsbarkeit des Ständigen Schiedshofs kann unter den durch die allgemeinen An-

---

[1]) Dies ist nach der Wahl der Schiedsrichter und des Obmanns geschehen.

[2]) Also nicht die holländischen Richter, wenn nicht etwa das Schiedsgericht eine Ortsbesichtigung usw. außerhalb Hollands vornimmt.

[3]) Vgl. Art. 13 des XII. Abkommens.

ordnungen festgesetzten Bedingungen auf Streitigkeiten zwischen anderen Mächten als Vertragsmächten oder zwischen Vertragsmächten und anderen Mächten erstreckt werden, wenn die Parteien übereingekommen sind, diese Schiedsgerichtsbarkeit anzurufen.

48. Die Vertragsmächte betrachten es als Pflicht[1]), in dem Falle, wo ein ernsthafter Streit zwischen zwei oder mehreren von ihnen auszubrechen droht, diese daran zu erinnern, daß ihnen der Ständige Schiedshof offen steht.

Sie erklären demzufolge, daß die Handlung, womit den im Streite befindlichen Teilen die Bestimmungen dieses Abkommens in Erinnerung gebracht werden, und der im höheren Interesse des Friedens erteilte Rat, sich an den Ständigen Schiedshof zu wenden, immer nur als Betätigung guter Dienste angesehen werden dürfen.

Im Falle eines Streites zwischen zwei Mächten kann stets eine jede von ihnen an das Internationale Bureau eine Note richten, worin sie erklärt, daß sie bereit sei, den Streitfall einer Schiedssprechung zu unterbreiten.

Das Bureau hat die Erklärung sogleich zur Kenntnis der anderen Macht zu bringen.

49. Der Ständige Verwaltungsrat[2]), der aus den im Haag beglaubigten diplomatischen Vertretern

---

[1]) Hiermit ist lediglich eine moralische Pflicht gemeint.

[2]) Dieser hat keinerlei politische oder gerichtliche Tätigkeit.

der Vertragsmächte und dem Niederländischen Minister der auswärtigen Angelegenheiten als Vorsitzenden besteht, hat das Internationale Bureau unter seiner Leitung und Aufsicht.

Der Verwaltungsrat erläßt seine Geschäftsordnung sowie alle sonst notwendigen allgemeinen Anordnungen.

Er entscheidet alle Verwaltungsfragen, die sich etwa in Beziehung auf den Geschäftsbetrieb des Schiedshofs erheben.

Er hat volle Befugnis, die Beamten und Angestellten des Bureaus zu ernennen, ihres Dienstes vorläufig zu entheben oder zu entlassen.

Er setzt die Gehälter und Löhne fest und beaufsichtigt das Kassenwesen.

Die Anwesenheit von neun Mitgliedern in den ordnungsmäßig berufenen Versammlungen genügt zur gültigen Beratung des Verwaltungsrats. Die Beschlußfassung erfolgt nach Stimmenmehrheit.

Der Verwaltungsrat teilt die von ihm genehmigten allgemeinen Anordnungen unverzüglich den Vertragsmächten mit. Er legt ihnen jährlich einen Bericht vor über die Arbeiten des Schiedshofs, über den Betrieb der Verwaltungsgeschäfte und über die Ausgaben. Der Bericht enthält ferner eine Zusammenstellung des wesentlichen Inhalts der dem Bureau von den Mächten auf Grund des Artikel 43 Abs. 3, 4 mitgeteilten Urkunden.

50. Die Kosten des Bureaus werden von den Vertragsmächten nach dem für das Internationale Bureau des Weltpostvereins festgestellten Verteilungsmaßstabe getragen.

Die Kosten, die den beitretenden Mächten zur Last fallen, werden von dem Tage an berechnet, wo ihr Beitritt wirksam wird.

Drittes Kapitel.
Schiedsverfahren.

51. Um die Entwickelung der Schiedssprechung zu fördern, haben die Vertragsmächte folgende Bestimmungen festgestellt, die auf das Schiedsverfahren Anwendung finden sollen, soweit nicht die Parteien über andere Bestimmungen übereingekommen sind.

52. Die Mächte, welche die Schiedssprechung anrufen, unterzeichnen einen Schiedsvertrag[1]), worin der Streitgegenstand, die Frist für die Ernennung der Schiedsrichter, die Form, die Reihenfolge und die Fristen für die im Artikel 63 vorgesehenen Mitteilungen sowie die Höhe des von jeder Partei als Kostenvorschuß zu hinterlegenden Betrags bestimmt werden.

Der Schiedsvertrag bestimmt gegebenen Falles[2]) ferner die Art der Ernennung der Schiedsrichter,

---

[1]) Das sogenannte Kompromiß.

[2]) Während der erste Absatz dieses Artikels die Materien aufzählt, die in dem Kompromisse enthalten

alle etwaigen besonderen Befugnisse des Schiedsgerichts, dessen Sitz, die Sprache, deren es sich bedienen wird, und die Sprachen, deren Gebrauch vor ihm gestattet sein soll[1]), sowie überhaupt alle Punkte, worüber die Parteien sich geeinigt haben.

53.[2]) Der Ständige Schiedshof ist für die Feststellung des Schiedsvertrags zuständig, wenn die Parteien darin einig sind, sie ihm zu überlassen.

Er ist ferner auf Antrag auch nur einer der Parteien zuständig, wenn zuvor eine Verständigung auf diplomatischem Wege vergeblich versucht worden ist und es sich handelt:

1. um einen Streitfall, der unter ein nach dem Inkrafttreten dieses Abkommens abgeschlossenes oder erneuertes allgemeines Schiedsabkommen fällt, sofern letzteres für jeden einzelnen Streitfall einen Schiedsvertrag vorsieht und dessen Feststellung der Zuständigkeit des Schiedshofs weder ausdrücklich noch stillschweigend entzieht. Doch ist, wenn die Gegenpartei erklärt, daß nach ihrer Auffassung der Streitfall nicht zu den der obligatorischen Schiedssprechung unterliegenden Streitfällen gehört, die

---

sein sollen, bestimmt der zweite lediglich solche, deren Aufnahme in den Schiedsvertrag erwünscht ist.

[1]) Vgl. Art. 24 des XII. Abkommens.

[2]) Dieser Artikel handelt von dem sogenannten obligatorischen Kompromiß. Er will verhindern, daß die Ausführung eines Schiedsvertrages an der Verständigung über den Kompromiß scheitert. Vgl. hierzu Zorns Vorwort.

Anrufung des Schiedshofs nicht zulässig, es sei denn, daß das Schiedsabkommen dem Schiedsgerichte die Befugnis zur Entscheidung dieser Vorfrage überträgt;

2. um einen Streitfall, der aus den bei einer Macht von einer anderen Macht für deren Angehörige eingeforderten Vertragsschulden herrührt und für dessen Beilegung das Anerbieten schiedsgerichtlicher Erledigung angenommen worden ist. Diese Bestimmung findet keine Anwendung, wenn die Annahme unter der Bedingung erfolgt ist, daß der Schiedsvertrag auf einem anderen Wege festgestellt werden soll.

54. In den Fällen des vorstehenden Artikels erfolgt die Feststellung des Schiedsvertrags durch eine Kommission von fünf Mitgliedern, welche auf die im Artikel 45 Abs. 3 bis 6 angegebene Weise bestimmt werden.

Das fünfte Mitglied ist von Rechts wegen Vorsitzender der Kommission.

55. Das Schiedsrichteramt kann einem einzigen Schiedsrichter oder mehreren Schiedsrichtern übertragen werden, die von den Parteien nach ihrem Belieben ernannt oder von ihnen unter den Mitgliedern des durch dieses Abkommen festgesetzten Ständigen Schiedshofs gewählt werden.

In Ermangelung einer Bildung des Schiedsgerichts durch Verständigung der Parteien wird in der im Artikel 45 Abs. 3 bis 6 angegebenen Weise verfahren.

56. Wird ein Souverän oder ein sonstiges Staatsoberhaupt zum Schiedsrichter gewählt, so wird das Schiedsverfahren von ihm geregelt.

57. Der Obmann ist von Rechts wegen Vorsitzender des Schiedsgerichts.

Gehört dem Schiedsgerichte kein Obmann an, so ernennt es selbst seinen Vorsitzenden.

58. Im Falle der Feststellung des Schiedsvertrags durch eine Kommission, so wie sie im Artikel 54 vorgesehen ist, soll, unbeschadet anderweitiger Abrede, die Kommission selbst das Schiedsgericht sein.

59. Im Falle des Todes, des Rücktritts oder der aus irgendeinem Grunde stattfindenden Verhinderung eines der Schiedsrichter erfolgt sein Ersatz in der für seine Ernennung vorgesehenen Weise.

60. In Ermangelung einer Bestimmung durch die Parteien hat das Schiedsgericht seinen Sitz im Haag[1]).

Das Schiedsgericht kann seinen Sitz auf dem Gebiet einer dritten Macht nur mit deren Zustimmung haben.

Der einmal bestimmte Sitz kann von dem Schiedsgerichte nur mit Zustimmung der Parteien verlegt werden.

---

1) Vgl. Art. 21 des XII. Abkommens. Der Prisenhof hat stets seinen Sitz im Haag.

61. Hat der Schiedsvertrag die zu gebrauchenden Sprachen nicht bestimmt, so wird darüber durch das Schiedsgericht entschieden.

62. Die Parteien haben das Recht, bei dem Schiedsgerichte besondere Agenten zu bestellen mit der Aufgabe, zwischen ihnen und dem Schiedsgericht als Mittelspersonen zu dienen.

Sie sind außerdem berechtigt, mit der Wahrnehmung ihrer Rechte und Interessen vor dem Schiedsgerichte Rechtsbeistände oder Anwälte zu betrauen, die zu diesem Zwecke von ihnen bestellt werden.

Die Mitglieder des Ständigen Schiedshofs dürfen als Agenten, Rechtsbeistände oder Anwälte nur zugunsten der Macht tätig sein, die sie zu Mitgliedern des Schiedshofs ernannt hat[1]).

63[2]). Das Schiedsverfahren zerfällt regelmäßig in zwei gesonderte Abschnitte: das schriftliche Vorverfahren und die Verhandlung.

Das schriftliche Vorverfahren besteht in der von den betreffenden Agenten an die Mitglieder des Schiedsgerichts und an die Gegenpartei zu machenden Mitteilung der Schriftsätze, der Gegenschriftsätze und der etwa weiter erforderlichen Rückäußerungen; die Parteien fügen alle in der Sache in Bezug

---

[1]) Vgl. Art. 17, 25 und 26 des XII. Abkommens.

[2]) Vgl. hierzu und den folgenden Artikeln Art. 34 ff. des XII. Abkommens.

genommenen Aktenstücke und Urkunden bei. Diese Mitteilungen erfolgen unmittelbar oder durch Vermittelung des Internationalen Bureaus in der Reihenfolge und in den Fristen, wie solche durch den Schiedsvertrag bestimmt sind.

Die im Schiedsvertrage festgesetzten Fristen können verlängert werden durch Uebereinkommen der Parteien oder durch das Schiedsgericht, wenn dieses es für notwendig erachtet, um zu einer gerechten Entscheidung zu gelangen.

Die Verhandlung besteht in dem mündlichen Vortrage der Rechtsbehelfe der Parteien vor dem Schiedsgerichte.

64. Jedes von einer Partei vorgelegte Schriftstück muß der anderen Partei in beglaubigter Abschrift mitgeteilt werden.

65. Abgesehen von besonderen Umständen tritt das Schiedsgericht erst nach dem Schlusse des Vorverfahrens zusammen.

66. Die Verhandlung wird vom Vorsitzenden geleitet.

Sie erfolgt öffentlich nur, wenn ein Beschluß des Schiedsgerichts mit Zustimmung der Parteien dahin ergeht.

Ueber die Verhandlung wird ein Protokoll aufgenommen von Sekretären, die der Vorsitzende ernennt. Dieses Protokoll wird vom Vorsitzenden und einem der Sekretäre unterzeichnet; es hat allein öffentliche Beweiskraft.

67. Nach dem Schlusse des Vorverfahrens ist das Schiedsgericht befugt, alle neuen Aktenstücke oder Urkunden von der Verhandlung auszuschließen, die ihm etwa eine Partei ohne Einwilligung der andern vorlegen will.

68. Dem Schiedsgerichte steht es jedoch frei, neue Aktenstücke oder Urkunden, auf welche etwa die Agenten oder Rechtsbeistände der Parteien seine Aufmerksamkeit lenken, in Betracht zu ziehen.

In diesem Falle ist das Schiedsgericht befugt, die Vorlegung dieser Aktenstücke oder Urkunden zu verlangen, unbeschadet der Verpflichtung, der Gegenpartei davon Kenntnis zu geben.

69. Das Schiedsgericht kann außerdem von den Agenten der Parteien die Vorlegung aller nötigen Aktenstücke verlangen und alle nötigen Aufklärungen erfordern. Im Falle der Verweigerung nimmt das Schiedsgericht von ihr Vermerk.

70. Die Agenten und die Rechtsbeistände der Parteien sind befugt, beim Schiedsgerichte mündlich alle Rechtsbehelfe vorzubringen, die sie zur Verteidigung ihrer Sache für nützlich halten.

71. Sie haben das Recht, Einreden sowie einen Zwischenstreit zu erheben. Die Entscheidungen des Schiedsgerichts über diese Punkte sind endgültig und können zu weiteren Erörterungen nicht Anlaß geben.

72. Die Mitglieder des Schiedsgerichts sind befugt, an die Agenten und die Rechtsbeistände der

Parteien Fragen zu richten und von ihnen Aufklärungen über zweifelhafte Punkte zu erfordern.

Weder die gestellten Fragen noch die von Mitgliedern des Schiedsgerichts im Laufe der Verhandlung gemachten Bemerkungen dürfen als Ausdruck der Meinung des ganzen Schiedsgerichts oder seiner einzelnen Mitglieder angesehen werden.

73. Das Schiedsgericht ist befugt, seine Zuständigkeit zu bestimmen, indem es den Schiedsvertrag sowie die sonstigen Staatsverträge, die für den Gegenstand angeführt werden können, auslegt und die Grundsätze des Rechtes anwendet.

74. Dem Schiedsgerichte steht es zu, auf das Verfahren sich beziehende Anordnungen zur Leitung der Streitsache zu erlassen, die Formen, die Reihenfolge und die Fristen zu bestimmen, in denen jede Partei ihre Schlußanträge zu stellen hat und zu allen Förmlichkeiten zu schreiten, welche die Beweisaufnahme mit sich bringt.

75. Die Parteien verpflichten sich, dem Schiedsgericht in dem weitesten Umfange, den sie für möglich halten, alle für die Entscheidung der Streitigkeit notwendigen Mittel zu gewähren.

76[1]. Das Schiedsgericht wird sich zur Bewirkung aller Zustellungen, die es im Gebiet einer dritten Vertragsmacht herbeizuführen hat, unmittelbar an die Regierung dieser Macht wenden. Das gleiche

---

[1]) Vgl. Art. 27 des XII. Abkommens.

gilt, wenn es sich um die Herbeiführung irgendwelcher Beweisaufnahmen an Ort und Stelle handelt.

Die zu diesem Zwecke erlassenen Ersuchen sind nach Maßgabe derjenigen Mittel zu erledigen, über welche die ersuchte Macht nach ihrer inneren Gesetzgebung verfügt. Sie können nur abgelehnt werden, wenn diese Macht sie für geeignet hält, ihre Hoheitsrechte oder ihre Sicherheit zu gefährden.

Auch steht dem Schiedsgerichte stets frei, die Vermittelung der Macht in Anspruch zu nehmen, in deren Gebiet es seinen Sitz hat.

77. Nachdem die Agenten und die Rechtsbeistände der Parteien alle Aufklärungen und Beweise zugunsten ihrer Sache vorgetragen haben, spricht der Vorsitzende den Schluß der Verhandlung aus.

78. Die Beratung des Schiedsgerichts erfolgt nicht öffentlich und bleibt geheim.

Jede Entscheidung ergeht nach der Mehrheit der Mitglieder des Schiedsgerichts.

79. Der Schiedsspruch ist mit Gründen zu versehen. Er enthält die Namen der Schiedsrichter und wird von dem Vorsitzenden und dem Bureauvorstand oder dem dessen Tätigkeit wahrnehmenden Sekretär unterzeichnet.

80. Der Schiedsspruch wird in öffentlicher Sitzung des Schiedsgerichts in Gegenwart oder nach gehöriger Ladung der Agenten und Rechtsbeistände der Parteien verlesen.

81. Der gehörig verkündete und den Agenten der Parteien zugestellte Schiedsspruch entscheidet das Streitverhältnis endgültig und mit Ausschließung der Berufung.

82. Alle Streitfragen, die etwa zwischen den Parteien wegen der Auslegung und der Ausführung des Schiedsspruchs entstehen, unterliegen, unbeschadet anderweitiger Abrede, der Beurteilung des Schiedsgerichts, das den Spruch erlassen hat.

83. Die Parteien können sich im Schiedsvertrage vorbehalten, die Nachprüfung (Revision) des Schiedsspruchs zu beantragen.

Der Antrag muß in diesem Falle, unbeschadet anderweitiger Abrede, bei dem Schiedsgericht angebracht werden, das den Spruch erlassen hat. Er kann nur auf die Ermittelung einer neuen Tatsache gegründet werden, die einen entscheidenden Einfluß auf den Spruch auszuüben geeignet gewesen wäre und bei Schluß der Verhandlung dem Schiedsgerichte selbst und der Partei, welche die Nachprüfung beantragt hat, unbekannt war.

Das Nachprüfungsverfahren kann nur eröffnet werden durch einen Beschluß des Schiedsgerichts, der das Vorhandensein der neuen Tatsache ausdrücklich feststellt, ihr die im vorstehenden Absatze bezeichneten Merkmale zuerkennt und den Antrag insoweit für zulässig erklärt.

Der Schiedsvertrag bestimmt die Frist, innerhalb deren der Nachprüfungsantrag gestellt werden muß.

84. Der Schiedsspruch bindet nur die streitenden Parteien.

Wenn es sich um die Auslegung eines Abkommens handelt, an dem sich noch andere Mächte beteiligt haben, als die streitenden Teile, so benachrichtigen diese rechtzeitig alle Signatärmächte. Jede dieser Mächte hat das Recht, sich an der Streitsache zu beteiligen. Wenn eine oder mehrere von ihnen von dieser Berechtigung Gebrauch gemacht haben, so ist die in dem Schiedsspruch enthaltene Auslegung auch in Ansehung ihrer bindend.

85. Jede Partei trägt ihre eigenen Kosten selbst und die Kosten des Schiedsgerichts zu gleichem Anteile.

Viertes Kapitel.

Abgekürztes Schiedsverfahren[1].

86. Um die Betätigung des Schiedswesens bei Streitigkeiten zu erleichtern, die ihrer Natur nach ein abgekürztes Verfahren gestatten[2]), stellen die Vertragsmächte die nachstehenden Regeln auf, die befolgt werden sollen, soweit nicht abweichende Abmachungen bestehen, und unter dem Vorbehalte, daß geeigneten Falles die nicht widersprechenden Bestimmungen des dritten Kapitels zur Anwendung kommen.

---

[1]) Sogenanntes „Summarisches Verfahren".
[2]) Namentlich bei Streitigkeiten rein technischer Natur.

87. Jede der streitenden Parteien ernennt einen Schiedsrichter. Die beiden so bestellten Schiedsrichter wählen einen Obmann. Wenn sie sich hierüber nicht einigen, so schlägt jeder zwei Personen vor, die aus der allgemeinen Liste der Mitglieder des Ständigen Schiedshofs, mit Ausnahme der von den Parteien selbst benannten Mitglieder, genommen und nicht Staatsangehörige einer von ihnen sind; das Los bestimmt, welche unter den so vorgeschlagenen Personen der Obmann sein soll.

Der Obmann sitzt dem Schiedsgerichte vor, das seine Entscheidungen nach Stimmenmehrheit fällt.

88. In Ermangelung einer vorherigen Vereinbarung bestimmt das Schiedsgericht, sobald es gebildet ist, die Frist, binnen deren ihm die beiden Parteien ihre Schriftsätze einreichen müssen.

89. Jede Partei wird vor dem Schiedsgerichte durch einen Agenten vertreten; dieser dient als Mittelsperson zwischen dem Schiedsgericht und der Regierung, die ihn bestellt hat.

90. Das Verfahren ist ausschließlich schriftlich. Doch hat jede Partei das Recht, das Erscheinen von Zeugen und Sachverständigen zu verlangen. Das Schiedsgericht ist seinerseits befugt, von den Agenten der beiden Parteien sowie von den Sachverständigen und Zeugen, deren Erscheinen es für nützlich hält, mündliche Aufklärungen zu verlangen.

Fünfter Titel.

Schlußbestimmungen.

91. Dieses Abkommen tritt nach seiner Ratifikation für die Beziehungen zwischen den Vertragsmächten an die Stelle des Abkommens zur friedlichen Erledigung internationaler Streitfälle vom 29. Juli 1899.

92. Dieses Abkommen soll möglichst bald ratifiziert werden.

Die Ratifikationsurkunden sollen im Haag hinterlegt werden.

Die erste Hinterlegung von Ratifikationsurkunden wird durch ein Protokoll festgestellt, das von den Vertretern der daran teilnehmenden Mächte und von dem niederländischen Minister der Auswärtigen Angelegenheiten unterzeichnet wird.

Die späteren Hinterlegungen von Ratifikationsurkunden erfolgen mittels einer schriftlichen, an die Regierung der Niederlande gerichteten Anzeige, der die Ratifikationsurkunde beizufügen ist.

Beglaubigte Abschrift des Protokolls über die erste Hinterlegung von Ratifikationsurkunden, der im vorstehenden Absatz erwähnten Anzeigen sowie der Ratifikationsurkunden wird durch die Regierung der Niederlande den zur Zweiten Friedenskonferenz eingeladenen Mächten sowie den andern Mächten, die dem Abkommen beigetreten sind, auf diplomatischem Wege mitgeteilt werden. In den Fällen des vorstehenden Absatzes wird die bezeichnete Regierung ihnen zugleich bekanntgeben, an welchem Tage sie die Anzeige erhalten hat.

93. Die Mächte, die zur Zweiten Friedenskonferenz eingeladen worden sind, dieses Abkommen aber nicht gezeichnet haben, können ihm später beitreten.

Die Macht, die beizutreten wünscht, hat ihre Absicht der Regierung der Niederlande schriftlich anzuzeigen und ihr dabei die Beitrittsurkunde zu übersenden, die im Archive der bezeichneten Regierung hinterlegt werden wird.

Diese Regierung wird unverzüglich allen anderen zur Zweiten Friedenskonferenz eingeladenen Mächten beglaubigte Abschrift der Anzeige wie der Beitrittsurkunde übersenden und zugleich angeben, an welchem Tage sie die Anzeige erhalten hat.

94. Die Bedingungen, unter denen die zur Zweiten Friedenskonferenz nicht eingeladenen Mächte diesem Abkommen beitreten können, sollen den Gegenstand einer späteren Verständigung zwischen den Vertragsmächten bilden.

95. Dieses Abkommen wird wirksam für die Mächte, die an der ersten Hinterlegung von Ratifikationsurkunden teilgenommen haben, sechzig Tage nach dem Tage, an dem das Protokoll über diese Hinterlegung aufgenommen ist, und für die später ratifizierenden oder beitretenden Mächte sechzig Tage, nachdem die Regierung der Niederlande die

Anzeige von ihrer Ratifikation oder von ihrem Beitritt erhalten hat.

96. Sollte eine der Vertragsmächte dieses Abkommen kündigen wollen, so soll die Kündigung schriftlich der Regierung der Niederlande erklärt werden, die unverzüglich beglaubigte Abschrift der Erklärung allen anderen Mächten mitteilt und ihnen zugleich bekanntgibt, an welchem Tage sie die Erklärung erhalten hat.

Die Kündigung soll nur in Ansehung der Macht wirksam sein, die sie erklärt hat, und erst ein Jahr, nachdem die Erklärung bei der Regierung der Niederlande eingegangen ist.

97. Ein im niederländischen Ministerium der Auswärtigen Angelegenheiten geführtes Register soll den Tag der gemäß Artikel 92 Abs. 3, 4 erfolgten Hinterlegung von Ratifikationsurkunden angeben, sowie den Tag, an dem die Anzeigen von dem Beitritt (Artikel 93 Abs. 2) oder von der Kündigung (Artikel 96 Abs. 1) eingegangen sind.

Jede Vertragsmacht hat das Recht, von diesem Register Kenntnis zu nehmen und beglaubigte Auszüge daraus zu verlangen.

II. Abkommen, betreffend die Beschränkung der Anwendung von Gewalt bei der Eintreibung von Vertragsschulden[1].

Vom 18. Oktober 1907 (RGBl. 1910, Nr. 2, S. 59).

I. Dieses Abkommen ist von 34 Staaten unterzeichnet worden. Nicht gezeichnet haben Belgien, Brasilien, China, Luxemburg, Nicaragua, Rumänien, Siam, Schweden, Schweiz, Venezuela. Vorbehalte haben erklärt:

1. Argentinien: „Wegen Schulden aus gewöhnlichen Verträgen zwischen dem Angehörigen einer Nation und einer fremden Regierung kann die Schiedssprechung nur in dem besonderen Falle angerufen werden, daß seitens der gerichtlichen Instanzen des Vertragslandes, die zunächst erschöpft werden müssen, eine Rechtsverweigerung vorliege. Unter Ausgabe von Schuldverschreibungen aufgenommene öffentliche Anleihen, welche die Staatsschuld bilden, können in keinem Falle den Anlaß zu militärischem Angriffe noch zur tatsächlichen Besetzung des Bodens amerikanischer Nationen bilden."

2. Bolivia: Der Vorbehalt Bolivias war sehr allgemeiner Natur und erklärte lediglich das Bedauern

[1]) In den Eingangsworten dieses Abkommens erklären die Mächte lediglich, daß das Abkommen in dem Wunsche geschlossen ist, bei der Eintreibung der im Artikel 1 bezeichneten Vertragsschulden keine Waffengewalt anzuwenden.

Bolivias darüber, daß man die Waffengewalt gewissermaßen sanktioniere.

3. Columbien: „Es erkennt die Anwendung von Gewalt zur Eintreibung von Schulden, welcher Art sie auch sein mögen, in keinem Falle an. Es erkennt schiedsgerichtliche Erledigung erst nach endgültiger Entscheidung der Gerichte der Schuldenstaaten an."

4. Die Dominikanische Republik bezüglich der Worte „oder im Falle der Annahme den Abschluß des Schiedsvertrags vereitelt" in Artikel 1 Abs. 2.

5. Ekuador: Die Vorbehalte Ekuadors waren allgemeiner Natur.

6. Griechenland: Die Bestimmungen der Artikel 1 Abs. 2 und Artikel 2 beziehen sich weder auf bestehende Verträge noch auf Gesetze, die in Griechenland bestehen.

7. Guatemala: Dieselben Vorbehalte wie Argentinien.

8. Peru: „Die in diesem Abkommen aufgestellten Grundsätze dürfen auf Ansprüche oder Streitfälle, die sich aus Verträgen eines Landes mit fremden Untertanen ergeben, keine Anwendung finden, sofern in diesen Verträgen ausdrücklich bestimmt ist, daß die Ansprüche oder Streitfälle den Richtern und Gerichten des Landes zu unterbreiten sind."

9. Salvador: Dieselben Vorbehalte wie Argentinien.

10. Uruguay bezüglich des zweiten Absatzes von Artikel 1, „weil schiedsgerichtliche Erledigung stets mit vollem Rechte abgelehnt werden kann, wenn das Grundgesetz des Schuldnerstaates, das einem Streitigkeiten oder Zweifel verursachenden Vertrage zeitlich vorangegangen ist, oder dieser Vertrag selbst festgestellt hat, daß diese Streitigkeiten oder Zweifel von den Gerichten des bezeichneten Staates zu entscheiden sind."

II. Dieses Abkommen ist am 27. November 1909 von Deutschland, den Vereinigten Staaten von Amerika, Österreich-Ungarn, Dänemark, Großbritannien, Mexiko, den Niederlanden, Rußland und Salvador ratifiziert worden. Über die erste Hinterlegung der Ratifikationsurkunden ist am 27. November 1909 ein Protokoll aufgenommen worden. Salvador hat seinen Vorbehalt bei der Ratifikation nicht wiederholt. Die Vereinigten Staaten von Amerika haben bei der Ratifikation einen Vorbehalt gemacht, der folgendem von dem Senate der Vereinigten Staaten von Amerika bei der Zustimmung zur Ratifikation gefaßten Beschlusse vom 17. April 1908 entspricht: „Beschlossen ferner als ein Teil des Ratifikationsakts: daß die Vereinigten Staaten dieses Abkommen mit der Maßgabe genehmigen, daß die Anrufung des Ständigen Schiedshofs behufs Erledigung derjenigen Streitigkeiten, auf die sich das Abkommen bezieht, nur erfolgen kann auf Grund entsprechender Vereinbarung in einem zwischen den im Streit befindlichen Teilen geschlossenen oder in Zukunft zu schließenden allgemeinen oder besonderen Schiedsabkommen."

III. Diesem Abkommen ist Nicaragua am 16. Dezember 1909 mit folgenden Vorbehalten beigetreten: „Wegen Schulden aus gewöhnlichen Verträgen zwischen den Angehörigen einer Nation und einer fremden Regierung kann die Schiedssprechung nur in dem besonderen Falle angerufen werden, daß seitens der gerichtlichen Instanzen des Vertragslandes, die zunächst erschöpft werden müssen, eine Rechtsverweigerung vorliegt. Unter Ausgabe von Staatsschuldverschreibungen aufgenommene öffentliche Anleihen können in keinem Falle den Anlaß zu militärischem Angriff noch zur tatsächlichen Besetzung des Bodens amerikanischer Nationen bilden." Ferner ist China am 15. Januar 1910 beigetreten.

1. Die Vertragsmächte sind übereingekommen, bei der Eintreibung von Vertragsschulden[1]), die bei

---

[1]) Nicht Deliktsschulden.

der Regierung eines Landes von der Regierung eines anderen Landes[1]) für deren Angehörige eingefordert werden, nicht zur Waffengewalt zu schreiten.

Diese Bestimmung findet jedoch keine Anwendung, wenn der Schuldnerstaat ein Anerbieten schiedsgerichtlicher Erledigung ablehnt oder unbeantwortet läßt oder im Falle der Annahme den Abschluß des Schiedsvertrags vereitelt oder nach dem Schiedsverfahren dem Schiedsspruche nicht nachkommt.

2. Man ist ferner übereingekommen, daß die im Abs. 2 des vorstehenden Artikels erwähnte Schiedssprechung dem im Titel IV Kapitel 3 des Haager Abkommens zur friedlichen Erledigung internationaler Streitfälle vorgesehenen Verfahren unterworfen sein soll. In Ermangelung besonderer Abreden der Parteien entscheidet der Schiedsspruch über den

---

[1]) Also beginnt die Bedeutung dieses Abkommens nicht schon mit dem Zeitpunkte, wo die Untertanen ihre Rechte noch selbst geltend machen, sondern erst dann, wenn diese Untertanen die Geltendmachung ihrer Rechte ihrem Staate übertragen haben. Die Gläubiger sind daher nicht selbständig zur Anrufung eines Schiedsgerichts befugt. Das folgt übrigens schon daraus, daß das Abkommen nur Rechte zwischen Staaten regelt. Unhaltbar ist daher die Darstellung Freunds in „Der Schutz der Gläubiger gegenüber auswärtigen Schuldnerstaaten“, Berlin 1910. Von einem direkten Klagerechte der Gläubiger, für das Freund eintritt, kann schon deswegen nicht die Rede sein, weil die Schiedssprechung immer nur eventuell Platz greift, falls nämlich die diplomatischen Verhandlungen nicht zum Ziele führen.

Grund des Anspruchs, über die Höhe der Schuld sowie über die Zeit und die Art der Zahlung.

3. Dieses Abkommen soll möglichst bald ratifiziert werden.

Die Ratifikationsurkunden sollen im Haag hinterlegt werden.

Die erste Hinterlegung von Ratifikationsurkunden wird durch ein Protokoll festgestellt, das von den Vertretern der daran teilnehmenden Mächte und von dem niederländischen Minister der Auswärtigen Angelegenheiten unterzeichnet wird.

Die späteren Hinterlegungen von Ratifikationsurkunden erfolgen mittels einer schriftlichen, an die Regierung der Niederlande gerichteten Anzeige, der die Ratifikationsurkunde beizufügen ist.

Beglaubigte Abschrift des Protokolls über die erste Hinterlegung von Ratifikationsurkunden, der im vorstehenden Absatz erwähnten Anzeigen sowie der Ratifikationsurkunden wird durch die Regierung der Niederlande den zur Zweiten Friedenskonferenz eingeladenen Mächten, sowie den anderen Mächten, die dem Abkommen beigetreten sind, auf diplomatischem Wege mitgeteilt werden. In den Fällen des vorstehenden Absatzes wird die bezeichnete Regierung ihnen zugleich bekanntgeben, an welchem Tage sie die Anzeige erhalten hat.

4. Die Mächte, die nicht unterzeichnet haben, können diesem Abkommen später beitreten.

Die Macht, die beizutreten wünscht, hat ihre

Absicht der Regierung der Niederlande schriftlich anzuzeigen und ihr dabei die Beitrittsurkunde zu übersenden, die im Archive der bezeichneten Regierung hinterlegt werden wird.

Diese Regierung wird unverzüglich allen anderen zur Zweiten Friedenskonferenz eingeladenen Mächten beglaubigte Abschrift der Anzeige wie der Beitrittsurkunde übersenden und zugleich angeben, an welchem Tage sie die Anzeige erhalten hat.

5. Dieses Abkommen wird wirksam für die Mächte, die an der ersten Hinterlegung von Ratifikationsurkunden teilgenommen haben, sechzig Tage nach dem Tage, an dem das Protokoll über diese Hinterlegung aufgenommen ist, und für die später ratifizierenden oder beitretenden Mächte sechzig Tage, nachdem die Regierung der Niederlande die Anzeige von ihrer Ratifikation oder von ihrem Beitritt erhalten hat.

6. Sollte eine der Vertragsmächte dieses Abkommen kündigen wollen, so soll die Kündigung schriftlich der Regierung der Niederlande erklärt werden, die unverzüglich beglaubigte Abschrift der Erklärung allen anderen Mächten mitteilt und ihnen zugleich bekanntgibt, an welchem Tage sie die Erklärung erhalten hat.

Die Kündigung soll nur in Ansehung der Macht wirksam sein, die sie erklärt hat, und erst ein Jahr, nachdem die Erklärung bei der Regierung der Niederlande eingegangen ist.

7. Ein im niederländischen Ministerium der Auswärtigen Angelegenheiten geführtes Register soll den Tag der gemäß Artikel 3 Abs. 3, 4 erfolgten Hinterlegung von Ratifikationsurkunden angeben sowie den Tag, an dem die Anzeigen von dem Beitritt (Artikel 4 Abs. 2) oder von der Kündigung (Artikel 6 Abs. 1) eingegangen sind.

Jede Vertragsmacht hat das Recht, von diesem Register Kenntnis zu nehmen und beglaubigte Auszüge daraus zu verlangen.

III. Abkommen über den Beginn der Feindseligkeiten[1].

Vom 18. Oktober 1907 (RGBl. 1910, Nr. 2, S. 82.)

I. Dieses Abkommen haben alle Konferenzmächte außer China und Nicaragua unterzeichnet.

II. Dieses Abkommen ist am 27. November 1909 von Deutschland, den Vereinigten Staaten von Amerika, Österreich-Ungarn, Bolivia, Dänemark, Großbritannien, Mexiko, den Niederlanden, Rußland, Salvador und Schweden ratifiziert worden.

III. Diesem Abkommen ist Nicaragua am 16. Dezember 1909 und China am 15. Januar 1910 beigetreten.

1. Die Vertragsmächte erkennen an, daß die Feindseligkeiten unter ihnen nicht beginnen dürfen

[1]) In den Eingangsworten dieses Abkommens erklären die Mächte, daß die folgenden Bestimmungen für die Sicherheit ihrer friedlichen Beziehungen bedeutungsvoll sind.

ohne eine vorausgehende unzweideutige Benachrichtigung, die entweder die Form einer mit Gründen versehenen Kriegserklärung oder die eines Ultimatums mit bedingter Kriegserklärung haben muß.

2. Der Kriegszustand ist den neutralen Mächten unverzüglich anzuzeigen und wird für sie erst nach Eingang[1]) einer Anzeige wirksam, die auch auf telegraphischem Wege erfolgen kann. Jedoch können sich die neutralen Mächte auf das Ausbleiben der Anzeige nicht berufen, wenn unzweifelhaft feststeht, daß sie den Kriegszustand tatsächlich gekannt haben.

3. Der Artikel 1 dieses Abkommens wird wirksam im Falle eines Krieges zwischen zwei oder mehreren Vertragsmächten.

Der Artikel 2 ist verbindlich in den Beziehungen einer kriegführenden Vertragsmacht und den neutralen Mächten, die gleichfalls Vertragsmächte sind.

4—8 enthalten Ratifikationsbestimmungen usw., die mit denen der Artikel 3—7 des II. Abkommens übereinstimmen.[2])

---

[1]) Französischer Text: après reception, also nach der Entgegennahme, d. h. Kenntnisnahme einer Anzeige.

[2]) Vgl. zu diesem Abkommen: Stowell, „Convention relative to the opening of hostilities" im American Journal of International law II, 1908; Maurel, De la déclaration de guerre, Paris 1907; das oben zitierte Buch von Manche sowie die zahlreichen Aufsätze hierüber in Revue générale de droit international public.

IV. Abkommen, betr. die Gesetze und Gebräuche des Landkriegs[1].

Vom 18. Oktober 1906 (RGBl. 1910, Nr. 2, S. 107).

I. Das Abkommen ist von 41 Konferenzmächten gezeichnet worden. Nicht unterzeichnet haben China, Spanien und Nicaragua. Vorbehalte haben erklärt:

1. Deutschland betreffend Artikel 44 der Anlage.
2. Österreich-Ungarn: „Da die Abordnung Österreich-Ungarns den neuen Artikel 23 Abs. 2 der Anlage unter der Bedingung angenommen hat, daß der Artikel 44 der Anlage des entsprechenden Abkommens von 1899 so wie er ist, aufrechterhalten werde, so kann sie dem von der zweiten Kommission vorgeschlagenen neuen Artikel 44 nicht zustimmen."
3. Japan betreffend Artikel 44 der Anlage.
4. Montenegro betreffend Artikel 44 der Anlage.
5. Rußland: „Die Abordnung Rußlands beehrt sich zu erklären, daß sie, da sie den von der Abordnung Deutschlands vorgeschlagenen neuen Artikel 23 Abs. 2 als Ersatz für den bestehenden Artikel 44 der Kriegs-

---

[1]) In den Eingangsworten dieses Abkommens ist u. a. hervorgehoben, daß auch in den durch dieses Abkommen nicht geregelten Fällen die Bevölkerung und die Kriegführenden unter dem Schutze und der Herrschaft der Grundsätze des Völkerrechts bleiben.

ordnung von 1899 angenommen hat, hinsichtlich der neuen Fassung des Artikels 44 Vorbehalte macht."

6. Die Türkei betreffend Artikel 3 des Abkommens.

II. Das Abkommen ist am 27. November 1909 von Deutschland, den Vereinigten Staaten von Amerika, Österreich-Ungarn, Bolivien, Dänemark, Großbritannien, Mexiko, den Niederlanden, Rußland, Salvador und Schweden ratifiziert worden. Über die erste Hinterlegung von Ratifikationsurkunden ist am 27. November 1909 ein Protokoll aufgenommen worden. Die Vorbehalte, die Deutschland und Rußland bei der Unterzeichnung der Akte gemacht haben, sind in den Ratifikationsurkunden ausdrücklich aufrechterhalten worden. Der von Österreich-Ungarn gemachte Vorbehalt ist von dem Vertreter Österreich-Ungarns bei der Unterzeichnung des Hinterlegungsprotokolles wiederholt worden.

III. Diesem Abkommen ist Nicaragua am 16. Dezember 1909 beigetreten.

1. Die Vertragsmächte werden ihren Landheeren Verhaltungsmaßregeln geben, welche der dem vorliegenden Abkommen beigefügten Ordnung der Gesetze und Gebräuche des Landkriegs entsprechen.

2. Die Bestimmungen der im Artikel 1 angeführten Ordnung sowie des vorliegenden Abkommens finden nur zwischen den Vertragsmächten Anwendung und nur dann, wenn die Kriegführenden sämtlich Vertragsparteien sind.

3[1]). Die Kriegspartei, welche die Bestimmungen der bezeichneten Ordnung verletzen sollte, ist ge-

---

[1]) Dieser Artikel ist 1907 auf deutschen Antrag hinzugekommen. Vgl. hierzu die Dissertation von Hofer „Der Schadensersatz im Landkriegsrecht". (1910.)

gebenen Falles zum Schadensersatze verpflichtet. Sie ist für alle Handlungen verantwortlich, die von den zu ihrer bewaffneten Macht gehörenden Personen begangen werden.

4. Dieses Abkommen tritt nach seiner Ratifikation für die Beziehungen zwischen den Vertragsmächten an die Stelle des Abkommens vom 29. Juli 1899, betreffend die Gesetze und Gebräuche des Landkriegs.

Das Abkommen von 1899 bleibt in Kraft für die Beziehungen zwischen den Mächten, die es unterzeichnet haben, die aber das vorliegende Abkommen nicht gleichermaßen ratifizieren sollten.

5—9 enthalten Ratifikationsbestimmungen usw., die mit denen der Artikel 3—7 des II. Abkommens übereinstimmen.

Ordnung der Gesetze und Gebräuche des Landkriegs.

Erster Abschnitt.

Kriegführende.

Erstes Kapitel.

Begriff des Kriegführenden.

1. Die Gesetze, die Rechte und die Pflichten des Krieges gelten nicht nur für das Heer, sondern auch für die Milizen und Freiwilligen-Korps, wenn sie folgende Bedingungen in sich vereinigen:

1. daß jemand an ihrer Spitze steht, der für seine Untergebenen verantwortlich ist,

2. daß sie ein bestimmtes aus der Ferne erkennbares Abzeichen tragen,
3. daß sie die Waffen offen führen und
4. daß sie bei ihren Unternehmungen die Gesetze und Gebräuche des Krieges beobachten.

In den Ländern, in denen Milizen oder Freiwilligen-Korps das Heer oder einen Bestandteil des Heeres bilden, sind diese unter der Bezeichnung „Heer" einbegriffen.

2. Die Bevölkerung eines nicht besetzten Gebiets, die beim Herannahen des Feindes aus eigenem Antriebe zu den Waffen greift, um die eindringenden Truppen zu bekämpfen, ohne Zeit gehabt zu haben, sich nach Artikel 1 zu organisieren, wird als kriegführend betrachtet, wenn sie die Waffen offen führt[1]) und die Gesetze und Gebräuche des Krieges beobachtet.

3. Die bewaffnete Macht der Kriegsparteien kann sich zusammensetzen aus Kombattanten und Nichtkombattanten. Im Falle der Gefangennahme durch den Feind haben die einen wie die anderen Anspruch auf Behandlung als Kriegsgefangene.

Zweites Kapitel.
Kriegsgefangene.

4. Die Kriegsgefangenen unterstehen der Gewalt der feindlichen Regierung, aber nicht der Gewalt

[1]) Diese Bedingung wurde 1907 hinzugefügt.

der Personen oder der Abteilungen, die sie gefangen genommen haben.

Sie sollen[1]) mit Menschlichkeit behandelt werden.

Alles, was ihnen persönlich gehört, verbleibt ihr Eigentum mit Ausnahme von Waffen, Pferden und Schriftstücken militärischen Inhalts.

5. Die Kriegsgefangenen können in Städten, Festungen, Lagern oder an anderen Orten untergebracht werden mit der Verpflichtung, sich nicht über eine bestimmte Grenze hinaus zu entfernen; dagegen ist ihre Einschließung nur statthaft als unerläßliche Sicherungsmaßregel und nur während der Dauer der diese Maßregel notwendig machenden Umstände[2]).

6. Der Staat ist befugt, die Kriegsgefangenen mit Ausnahme der Offiziere[3]) nach ihrem Dienstgrad und nach ihren Fähigkeiten als Arbeiter zu verwenden. Diese Arbeiten dürfen nicht übermäßig sein und in keiner Beziehung zu den Kriegsunternehmungen stehen.

Den Kriegsgefangenen kann gestattet werden, Arbeiten für öffentliche Verwaltungen oder für Privatpersonen oder für ihre eigene Rechnung auszuführen.

---

[1]) Besser: müssen.

[2]) Die Einschränkung „nur während der Dauer ..." ist 1907 hinzugefügt worden.

[3]) Die Offiziere sind erst 1907 ausgenommen worden.

Arbeiten für den Staat werden nach den Sätzen bezahlt, die für Militärpersonen des eigenen Heeres bei Ausführung der gleichen Arbeiten gelten, oder, falls solche Sätze nicht bestehen, nach einem Satze, wie er den geleisteten Arbeiten entspricht.

Werden die Arbeiten für Rechnung anderer öffentlicher Verwaltungen oder für Privatpersonen ausgeführt, so werden die Bedingungen im Einverständnisse mit der Militärbehörde festgestellt.

Der Verdienst der Kriegsgefangenen soll zur Besserung ihrer Lage verwendet und der Überschuß nach Abzug der Unterhaltungskosten ihnen bei der Freilassung ausgezahlt werden.

7. Die Regierung, in deren Gewalt sich die Kriegsgefangenen befinden, hat für ihren Unterhalt zu sorgen.

In Ermangelung einer besonderen Verständigung zwischen den Kriegführenden sind die Kriegsgefangenen in Beziehung auf Nahrung, Unterkunft und Kleidung auf demselben Fuße zu behandeln wie die Truppen der Regierung, die sie gefangen genommen hat.

8. Die Kriegsgefangenen unterstehen den Gesetzen, Vorschriften und Befehlen, die in dem Heere des Staates gelten, in dessen Gewalt sie sich befinden. Jede Unbotmäßigkeit kann mit der erforderlichen Strenge geahndet werden.

Entwichene Kriegsgefangene, die wieder ergriffen werden, bevor es ihnen gelungen ist, ihr Heer zu erreichen, oder bevor sie das Gebiet verlassen haben, das von den Truppen, welche sie gefangen genommen hatten, besetzt ist, unterliegen disziplinarischer Bestrafung.

Kriegsgefangene, die nach gelungener Flucht von neuem gefangen genommen werden, können für die frühere Flucht nicht bestraft werden.

9. Jeder Kriegsgefangene ist verpflichtet, auf Befragen seinen wahren Namen und Dienstgrad anzugeben; handelt er gegen diese Vorschrift, so können ihm die Vergünstigungen, die den Kriegsgefangenen seiner Klasse zustehen, entzogen werden.

10. Kriegsgefangene können gegen Ehrenwort freigelassen werden, wenn die Gesetze ihres Landes sie dazu ermächtigen; sie sind alsdann bei ihrer persönlichen Ehre verbunden, die übernommenen Verpflichtungen sowohl ihrer eigenen Regierung, als auch dem Staate gegenüber, der sie zu Kriegsgefangenen gemacht hat, gewissenhaft zu erfüllen.

Ihre Regierung ist in solchem Falle verpflichtet, keinerlei Dienste zu verlangen oder anzunehmen, die dem gegebenen Ehrenworte widersprechen.

11. Ein Kriegsgefangener kann nicht gezwungen werden, seine Freilassung gegen Ehrenwort anzunehmen; ebensowenig ist die feindliche Regierung verpflichtet, dem Antrag eines Kriegsgefangenen auf Entlassung gegen Ehrenwort zu entsprechen.

12. Jeder gegen Ehrenwort entlassene Kriegsgefangene, der gegen den Staat, demgegenüber er

die Ehrenverpflichtung eingegangen ist, oder gegen dessen Verbündete die Waffen trägt und wieder ergriffen wird, verliert das Recht der Behandlung als Kriegsgefangener und kann vor Gericht gestellt werden.

13. Personen, die einem Heere folgen, ohne ihm unmittelbar anzugehören, wie Kriegskorrespondenten, Zeitungsberichterstatter, Marketender und Lieferanten, haben, wenn sie in die Hand des Feindes geraten und diesem ihre Festhaltung zweckmäßig erscheint, das Recht auf Behandlung als Kriegsgefangene, vorausgesetzt, daß sie sich im Besitz eines Ausweises der Militärbehörde des Heeres befinden, das sie begleiteten.

14. Beim Ausbruche der Feindseligkeiten wird in jedem der kriegführenden Staaten und eintretenden Falles in den neutralen Staaten, die Angehörige eines der Kriegführenden in ihr Gebiet aufgenommen haben, eine Auskunftstelle über die Kriegsgefangenen errichtet. Diese ist berufen, alle die Kriegsgefangenen betreffenden Anfragen zu beantworten, und erhält von den zuständigen Dienststellen alle Angaben über die Unterbringung und deren Wechsel, über Freilassungen gegen Ehrenwort, über Austausch, über Entweichungen, über Aufnahme in die Hospitäler und über Sterbefälle sowie sonstige Auskünfte, die nötig sind, um über jeden Kriegsgefangenen ein Personalblatt anzulegen und auf dem laufenden zu erhalten. Die Auskunftstelle verzeichnet auf diesem Personalblatte die Matrikelnummer, den Vor- und

Zunamen, das Alter, den Heimatsort, den Dienstgrad, den Truppenteil, die Verwundungen, den Tag und Ort der Gefangennahme, der Unterbringung, der Verwundungen und des Todes sowie alle besonderen Bemerkungen. Das Personalblatt wird nach dem Friedensschlusse der Regierung des anderen Kriegführenden übermittelt.

Die Auskunftstelle sammelt ferner alle zum persönlichen Gebrauche dienenden Gegenstände, Wertsachen, Briefe usw., die auf den Schlachtfeldern gefunden oder von den gegen Ehrenwort entlassenen, ausgetauschten, entwichenen oder in Hospitälern oder Feldlazaretten gestorbenen Kriegsgefangenen hinterlassen werden, und stellt sie den Berechtigten zu.

15. Die Hilfsgesellschaften für Kriegsgefangene, die ordnungsmäßig nach den Gesetzen ihres Landes gebildet worden sind und den Zweck verfolgen, die Vermittler der mildtätigen Nächstenhilfe zu sein, erhalten von den Kriegführenden für sich und ihre ordnungsmäßig beglaubigten Agenten jede Erleichterung innerhalb der durch die militärischen Erfordernisse und die Verwaltungsvorschriften gezogenen Grenzen, um ihre menschenfreundlichen Bestrebungen wirksam ausführen zu können. Den Delegierten dieser Gesellschaften kann auf Grund einer ihnen persönlich von der Militärbehörde erteilten Erlaubnis und gegen die schriftliche Verpflichtung, sich allen von dieser etwa erlassenen Ordnungs- und Polizeivorschriften zu fügen, gestattet

werden, Beihilfen an den Unterbringungsstellen sowie an den Rastorten der in die Heimat zurückkehrenden Gefangenen zu verteilen.

16. Die Auskunftstellen genießen Portofreiheit. Briefe, Postanweisungen, Geldsendungen und Postpakete, die für die Kriegsgefangenen bestimmt sind oder von ihnen abgesandt werden, sind sowohl im Lande der Aufgabe, als auch im Bestimmungsland und in den Zwischenländern von allen Postgebühren befreit.

Die als Liebesgaben und Beihilfen für Kriegsgefangene bestimmten Gegenstände sind von allen Eingangszöllen und anderen Gebühren sowie von den Frachtkosten auf Staatseisenbahnen befreit.

17. Die gefangenen Offiziere erhalten[1]) dieselbe Besoldung, wie sie den Offizieren gleichen Dienstgrades in dem Lande zusteht, wo sie gefangen gehalten werden; ihre Regierung ist zur Erstattung verpflichtet.

18. Den Kriegsgefangenen wird in der Ausübung ihrer Religion mit Einschluß der Teilnahme am Gottesdienste volle Freiheit gelassen unter der einzigen Bedingung, daß sie sich den Ordnungs- und Polizeivorschriften der Militärbehörde fügen.

19. Die Testamente der Kriegsgefangenen werden unter denselben Bedingungen entgegengenommen oder errichtet wie die der Militärpersonen des eigenen Heeres.

---

[1]) Besser: müssen erhalten. 1899 hieß es lediglich: „können erhalten".

Das gleiche gilt für die Sterbeurkunden sowie für die Beerdigung von Kriegsgefangenen, wobei deren Dienstgrad und Rang zu berücksichtigen ist.

20. Nach dem Friedensschlusse sollen die Kriegsgefangenen binnen kürzester Frist in ihre Heimat entlassen werden.

Drittes Kapitel.

Kranke und Verwundete.

21. Die Pflichten der Kriegführenden in Ansehung der Behandlung von Kranken und Verwundeten bestimmen sich nach dem Genfer Abkommen.

Zweiter Abschnitt.

Feindseligkeiten.

Erstes Kapitel.

Mittel zur Schädigung des Feindes, Belagerungen und Beschießungen.

22. Die Kriegführenden haben kein unbeschränktes Recht in der Wahl der Mittel zur Schädigung des Feindes.

23. Abgesehen von den durch Sonderverträge aufgestellten Verboten, ist namentlich untersagt:

a) die Verwendung von Gift oder vergifteten Waffen;

b) die meuchlerische Tötung oder Verwundung von Angehörigen des feindlichen Volkes oder Heeres,

c) die Tötung oder Verwundung eines die Waffen streckenden oder wehrlosen Feindes, der sich auf Gnade oder Ungnade ergeben hat,

d) die Erklärung, daß kein Pardon gegeben wird,

e) der Gebrauch von Waffen, Geschossen oder Stoffen, die geeignet sind, unnötig Leiden zu verursachen,

f) der Mißbrauch der Parlamentärflagge, der Nationalflagge oder der militärischen Abzeichen oder der Uniform des Feindes sowie der besonderen Abzeichen des Genfer Abkommens,

g) die Zerstörung oder Wegnahme feindlichen Eigentums außer in den Fällen, wo diese Zerstörung oder Wegnahme durch die Erfordernisse des Krieges dringend erheischt wird[1]),

h) die Aufhebung oder zeitweilige Außerkraftsetzung der Rechte und Forderungen von Angehörigen der Gegenpartei oder die Ausschließung ihrer Klagbarkeit[2]).

---

[1]) Insbesondere bei Kontributionen, Requisitionen und Zwangsauflagen; siehe Art. 50—52, ferner Art. 53 Abs. 2.

[2]) Dieser Absatz ist 1907 auf deutschen Antrag hinzugefügt worden und hat eine große Bedeutung, insbesondere für Versicherungsverträge. Vgl. meinen Aufsatz: „Der Einfluß des Krieges auf Versicherungsverträge" in „Zeitschr. für die ges. Vers.-Wissenschaft", Jahrg. 1910, Juliheft.

Den Kriegführenden ist ebenfalls untersagt, Angehörige der Gegenpartei zur Teilnahme an den Kriegsunternehmungen gegen ihr Land zu zwingen; dies gilt auch für den Fall, daß sie vor Ausbruch des Krieges angeworben waren.

24. Kriegslisten und die Anwendung der notwendigen Mittel, um sich Nachrichten über den Gegner und das Gelände zu verschaffen, sind erlaubt.

25. Es ist untersagt, unverteidigte Städte, Dörfer, Wohnstätten oder Gebäude, mit welchen Mitteln es auch sei[1]), anzugreifen oder zu beschießen.

26. Der Befehlshaber einer angreifenden Truppe soll vor Beginn der Beschießung, den Fall eines Sturmangriffs ausgenommen, alles, was an ihm liegt, tun, um die Behörden davon zu benachrichtigen.

27. Bei Belagerungen und Beschießungen sollen alle erforderlichen Vorkehrungen getroffen werden, um die dem Gottesdienste, der Kunst, der Wissenschaft und der Wohltätigkeit gewidmeten Gebäude, die geschichtlichen Denkmäler, die Hospitäler und Sammelplätze für Kranke und Verwundete so viel wie möglich zu schonen, vorausgesetzt, daß sie nicht gleichzeitig zu einem militärischen Zwecke Verwendung finden.

---

[1]) Auch nicht von Luftschiffen aus.

Pflicht der Belagerten ist es, diese Gebäude oder Sammelplätze mit deutlichen, besonderen Zeichen zu versehen und diese dem Belagerer vorher bekanntzugeben.

28. Es ist untersagt, Städte oder Ansiedelungen, selbst wenn sie im Sturme genommen sind, der Plünderung preiszugeben.

Zweites Kapitel.

Spione.

29. Als Spion gilt nur, wer heimlich oder unter falschem Vorwand in dem Operationsgebiet eines Kriegführenden Nachrichten einzieht oder einzuziehen sucht in der Absicht, sie der Gegenpartei mitzuteilen.

Demgemäß sind Militärpersonen in Uniform, die in das Operationsgebiet des feindlichen Heeres eingedrungen sind, um sich Nachrichten zu verschaffen, nicht als Spione zu betrachten. Desgleichen gelten nicht als Spione: Militärpersonen und Nichtmilitärpersonen, die den ihnen erteilten Auftrag, Mitteilungen an ihr eigenes oder an das feindliche Heer zu überbringen, offen ausführen. Dahin gehören ebenfalls Personen, die in Luftschiffen befördert werden, um Mitteilungen zu überbringen oder um überhaupt Verbindungen zwischen den verschiedenen Teilen eines Heeres oder eines Gebiets aufrechtzuerhalten.

30. Der auf der Tat ertappte Spion kann nicht ohne vorausgegangenes Urteil bestraft werden.

31. Ein Spion, welcher zu dem Heere, dem er angehört, zurückgekehrt ist und später vom Feinde gefangen genommen wird, ist als Kriegsgefangener zu behandeln und kann für früher begangene Spionage nicht verantwortlich gemacht werden.

Drittes Kapitel.

Parlamentäre.

32. Als Parlamentär gilt, wer von einem der Kriegführenden bevollmächtigt ist, mit dem anderen in Unterhandlungen zu treten, und sich mit der weißen Fahne zeigt. Er hat Anspruch auf Unverletzlichkeit, ebenso der ihn begleitende Trompeter, Hornist oder Trommler, Fahnenträger und Dolmetscher.

33. Der Befehlshaber, zu dem ein Parlamentär gesandt wird, ist nicht verpflichtet, ihn unter allen Umständen zu empfangen.

Er kann alle erforderlichen Maßregeln ergreifen, um den Parlamentär zu verhindern, seine Sendung zur Einziehung von Nachrichten zu benutzen.

Er ist berechtigt, bei vorkommendem Mißbrauche den Parlamentär zeitweilig zurückzuhalten.

34. Der Parlamentär verliert seinen Anspruch auf Unverletzlichkeit, wenn der bestimmte, unwiderlegbare Beweis vorliegt, daß er seine bevorrechtigte Stellung dazu benutzt hat, um Verrat zu üben oder dazu anzustiften.

Viertes Kapitel.

Kapitulationen.

35. Die zwischen den abschließenden Parteien vereinbarten Kapitulationen sollen den Forderungen der militärischen Ehre Rechnung tragen.

Einmal abgeschlossen, sollen sie von beiden Parteien gewissenhaft beobachtet werden.

Fünftes Kapitel.

Waffenstillstand.

36. Der Waffenstillstand unterbricht die Kriegsunternehmungen kraft eines wechselseitigen Uebereinkommens der Kriegsparteien. Ist eine bestimmte Dauer nicht vereinbart worden, so können die Kriegsparteien jederzeit die Feindseligkeiten wieder aufnehmen, doch nur unter der Voraussetzung, daß der Feind, gemäß den Bedingungen des Waffenstillstandes, rechtzeitig benachrichtigt wird.

37. Der Waffenstillstand kann ein allgemeiner oder ein örtlich begrenzter sein. Der erstere unterbricht die Kriegsunternehmungen der kriegführenden Staaten allenthalben, der letztere nur für bestimmte Teile der kriegführenden Heere und innerhalb eines bestimmten Bereichs.

38. Der Waffenstillstand muß in aller Form und rechtzeitig den zuständigen Behörden und den Truppen bekanntgemacht werden. Die Feindseligkeiten sind sofort nach der Bekanntmachung oder zu dem festgesetzten Zeitpunkt einzustellen.

39. Es ist Sache der abschließenden Parteien, in den Bedingungen des Waffenstillstandes festzusetzen, welche Beziehungen etwa auf dem Kriegsschauplatze mit der Bevölkerung und untereinander statthaft sind.

40. Jede schwere Verletzung des Waffenstillstandes durch eine der Parteien gibt der anderen das Recht, ihn zu kündigen und in dringenden Fällen sogar die Feindseligkeiten unverzüglich wieder aufzunehmen.

41. Die Verletzung der Bedingungen des Waffenstillstandes durch Privatpersonen, die aus eigenem Antriebe handeln, gibt nur das Recht, die Bestrafung der Schuldigen und gegebenen Falles einen Ersatz für den erlittenen Schaden zu fordern.

Dritter Abschnitt.

Militärische Gewalt auf besetztem feindlichen Gebiete.

42. Ein Gebiet gilt als besetzt, wenn es sich tatsächlich in der Gewalt des feindlichen Heeres befindet.

Die Besetzung erstreckt sich nur auf die Gebiete, wo diese Gewalt hergestellt ist und ausgeübt werden kann.

43. Nachdem die gesetzmäßige Gewalt tatsächlich in die Hände des Besetzenden übergegangen ist, hat dieser alle von ihm abhängenden Vorkehrungen zu treffen, um nach Möglichkeit die öffentliche Ordnung und das öffentliche Leben wiederherzustellen und aufrechtzuerhalten, und zwar, soweit kein zwingendes Hindernis besteht, unter Beachtung der Landesgesetze.

44[1]). Einem Kriegführenden ist es untersagt, die Bevölkerung eines besetzten Gebiets zu zwingen, Auskünfte über das Heer des anderen Kriegführenden oder über dessen Verteidigungsmittel zu geben.

45. Es ist untersagt, die Bevölkerung eines besetzten Gebiets zu zwingen, der feindlichen Macht den Treueid zu leisten.

46. Die Ehre und die Rechte der Familie, das Leben der Bürger und das Privateigentum sowie die religiösen Überzeugungen und gottesdienstlichen Handlungen sollen geachtet werden.

Das Privateigentum darf nicht eingezogen werden[2]).

47. Die Plünderung ist ausdrücklich untersagt.

48. Erhebt der Besetzende in dem besetzten Gebiete die zugunsten des Staates bestehenden Abgaben, Zölle und Gebühren, so soll er es möglichst nach Maßgabe der für die Ansetzung und Verteilung geltenden Vorschriften tun; es erwächst damit für ihn die Verpflichtung, die Kosten der Verwaltung des besetzten Gebiets in dem Umfange zu tragen, wie die gesetzmäßige Regierung hierzu verpflichtet war.

---

[1]) 1907 hinzugekommen.

[2]) Dieser Grundsatz ist bereits in schärferer Form durch Artikel 23g zum Ausdruck gekommen. Die Behandlung des Privateigentums der Kriegsgefangenen ergibt sich aus Artikel 4 Abs. 3a.

49. Erhebt der Besetzende in dem besetzten Gebiet außer den im vorstehenden Artikel bezeichneten Abgaben andere Auflagen in Geld, so darf dies nur zur Deckung der Bedürfnisse des Heeres oder der Verwaltung dieses Gebiets geschehen.

50. Keine Strafe[1]) in Geld oder anderer Art darf über eine ganze Bevölkerung wegen der Handlungen einzelner verhängt werden, für welche die Bevölkerung nicht als mitverantwortlich angesehen werden kann.

51. Zwangsauflagen[2]) können nur auf Grund eines schriftlichen Befehls und unter Verantwortlichkeit eines selbständig kommandierenden Generals erhoben werden.

Die Erhebung soll so viel wie möglich nach den Vorschriften über die Ansetzung und Verteilung der bestehenden Abgaben erfolgen.

Über jede auferlegte Leistung wird den Leistungspflichtigen eine Empfangsbestätigung erteilt.

52. Naturalleistungen[3]) und Dienstleistungen können von Gemeinden oder Einwohnern nur für die Bedürfnisse des Besetzungsheers gefordert werden. Sie müssen im Verhältnisse zu den Hilfsquellen des Landes stehen und solcher Art sein, daß sie nicht für die Bevölkerung die Verpflichtung enthalten, an

---

[1]) Es handelt sich hierbei um Repressalien.

[2]) Sogenannte Kontributionen.

[3]) Sogenannte Requisitionen.

Kriegsunternehmungen gegen ihr Vaterland teilzunehmen.

Derartige Natural- und Dienstleistungen können nur mit Ermächtigung des Befehlshabers[1]) der besetzten Örtlichkeit gefordert werden.

Die Naturalleistungen sind so viel wie möglich bar zu bezahlen. Anderenfalls sind dafür Empfangsbestätigungen auszustellen; die Zahlung der geschuldeten Summen soll möglichst bald bewirkt werden.

53. Das ein Gebiet besetzende Heer kann nur mit Beschlag belegen: das bare Geld und die Wertbestände des Staates sowie die dem Staate zustehenden eintreibbaren[2]) Forderungen, die Waffenniederlagen, Beförderungsmittel, Vorratshäuser und Lebensmittelvorräte sowie überhaupt alles bewegliche Eigentum des Staates[3]), das geeignet ist, den Kriegsunternehmungen zu dienen.

Alle Mittel, die zu Lande, zu Wasser und in der Luft zur Weitergabe von Nachrichten und zur Beförderung von Personen oder Sachen dienen, mit Ausnahme der durch das Seerecht geregelten Fälle, sowie die Waffenniederlagen und überhaupt jede Art

---

1) Nicht, wie in Artikel 51 unter Verantwortung eines kommandierenden Generals. Die oft dringend nötige Beschaffung von Lebensmitteln soll dadurch nicht verzögert werden.

2) Also fälligen Forderungen.

3) Und der Staatsbanken, nicht aber auch der Privatbanken.

von Kriegsvorräten können, selbst wenn sie Privatpersonen gehören, mit Beschlag belegt werden. Beim Friedensschlusse müssen sie aber zurückgegeben und die Entschädigungen[1]) geregelt werden.

54[2]). Die unterseeischen Kabel, die ein besetztes Gebiet mit einem neutralen Gebiete verbinden, dürfen nur im Falle unbedingter Notwendigkeit mit Beschlag belegt oder zerstört werden. Beim Friedensschlusse müssen sie gleichfalls zurückgegeben und die Entschädigungen geregelt werden.

55. Der besetzende Staat hat sich nur als Verwalter und Nutznießer der öffentlichen Gebäude, Liegenschaften, Wälder und landwirtschaftlichen Betriebe zu betrachten, die dem feindlichen Staate gehören und sich in dem besetzten Gebiete befinden. Er soll den Bestand dieser Güter erhalten und sie nach den Regeln des Nießbrauchs verwalten[3]).

56. Das Eigentum der Gemeinden und der dem Gottesdienste, der Wohltätigkeit, dem Unterrichte, der Kunst und der Wissenschaft gewidmeten Anstalten, auch wenn diese dem Staate gehören, ist als Privateigentum zu behandeln.

---

[1]) Nach allgemeinen Grundsätzen findet eine Entschädigung nur bei Benutzung von Privatbahnen, nicht aber auch bei Benutzung von Staatsbahnen statt.

[2]) 1907 hinzugekommen.

[3]) Muß sich also im Rahmen einer ordentlichen Wirtschaft halten, und darf z. B. keine Forsten abholzen, es sei denn in Fällen militärischer Notwendigkeit.

Jede Beschlagnahme, jede absichtliche Zerstörung oder Beschädigung von derartigen Anlagen, von geschichtlichen Denkmälern oder von Werken der Kunst und Wissenschaft ist untersagt und soll geahndet werden.

V. Abkommen, betreffend die Rechte und Pflichten der neutralen Mächte und Personen im Falle eines Landkriegs[1].

Vom 18. Oktober 1907 (RGBl. 1910, Nr. 2, S. 151).

I. Dieses Abkommen ist von 42 Staaten unterzeichnet worden. Nicht gezeichnet haben China und Nicaragua. Vorbehalte erklärt haben:

1. Argentinien betreffend Artikel 19.
2. England betreffend Artikel 16, 17, 18.

II. Dieses Abkommen ist am 27. November 1909 von Deutschland, den Vereinigten Staaten von Amerika, Österreich-Ungarn, Bolivien, Dänemark, Mexiko, den Niederlanden, Rußland, Salvador und Schweden ratifiziert worden. Über die erste Hinterlegung von Ratifikationsurkunden ist am 27. November 1909 ein Protokoll aufgenommen worden.

---

[1]) Auch dieses Abkommen hat einige ganz bedeutungslose Eingangsworte.

III. Diesem Abkommen ist Nicaragua am 16. Dezember 1909 und China am 15. Januar 1910 beigetreten.

Erstes Kapitel.

Rechte und Pflichten der neutralen Mächte.

1. Das Gebiet der neutralen Mächte ist unverletzlich.

2. Es ist den Kriegführenden untersagt, Truppen oder Munitions- oder Verpflegungskolonnen durch das Gebiet einer neutralen Macht hindurchzuführen.

3. Es ist den Kriegführenden gleichermaßen untersagt:

a) auf dem Gebiete einer neutralen Macht eine funkentelegraphische Station einzurichten oder sonst irgendeine Anlage, die bestimmt ist, einen Verkehr mit den kriegführenden Land- oder Seestreitkräften zu vermitteln;

b) irgendeine Einrichtung dieser Art zu benutzen, die von ihnen vor dem Kriege auf dem Gebiete der neutralen Macht zu einem ausschließlich militärischen Zwecke hergestellt und nicht für den öffentlichen Nachrichtendienst freigegeben worden ist.

4. Auf dem Gebiete einer neutralen Macht dürfen zugunsten der Kriegführenden weder Korps von Kombattanten gebildet noch Werbestellen eröffnet werden.

5. Eine neutrale Macht darf auf ihrem Gebiete keine der in den Artikeln 2—4 bezeichneten Handlungen dulden.

Sie ist nur dann verpflichtet, Handlungen, die der Neutralität zuwiderlaufen, zu bestrafen, wenn diese Handlungen auf ihrem eigenen Gebiete begangen sind.

6. Eine neutrale Macht ist nicht dafür verantwortlich, daß Leute einzeln die Grenze überschreiten, um in den Dienst eines Kriegführenden zu treten.

7. Eine neutrale Macht ist nicht verpflichtet, die für Rechnung des einen oder des anderen Kriegführenden erfolgende Ausfuhr oder Durchfuhr von Waffen, Munition und überhaupt von allem, was für ein Heer oder eine Flotte nützlich sein kann, zu verhindern.

8. Eine neutrale Macht ist nicht verpflichtet, für Kriegführende die Benutzung von Telegraphen- oder Fernsprechleitungen sowie von Anlagen für drahtlose Telegraphie, gleichviel ob solche ihr selbst oder ob sie Gesellschaften oder Privatpersonen gehören, zu untersagen oder zu beschränken.

9. Alle Beschränkungen oder Verbote, die von einer neutralen Macht in Ansehung der in den Artikeln 7, 8 erwähnten Gegenstände angeordnet werden, sind von ihr auf die Kriegführenden gleichmäßig anzuwenden.

Die neutrale Macht hat darüber zu wachen, daß die gleiche Verpflichtung von den Gesellschaften oder Privatpersonen eingehalten wird, in deren Eigentum sich Telegraphen- oder Fernsprechleitungen oder Anlagen für drahtlose Telegraphie befinden.

10. Die Tatsache, daß eine neutrale Macht eine Verletzung ihrer Neutralität selbst mit Gewalt zurückweist, kann nicht als eine feindliche Handlung angesehen werden.

Zweites Kapitel.

Bei Neutralen untergebrachte Angehörige einer Kriegsmacht und in Pflege befindliche Verwundete.

11. Die neutrale Macht, auf deren Gebiet Truppen der kriegführenden Heere übertreten, muß sie möglichst weit vom Kriegsschauplatz unterbringen.

Sie kann sie in Lagern verwahren und sie auch in Festungen oder in anderen zu diesem Zwecke geeigneten Orten einschließen.

Es hängt von ihrer Entscheidung ab, ob Offiziere, die sich auf Ehrenwort verpflichten, das neutrale Gebiet nicht ohne Erlaubnis zu verlassen, freigelassen werden können.

12. In Ermangelung einer besonderen Vereinbarung hat die neutrale Macht den bei ihr untergebrachten Personen Nahrung, Kleidung und die durch die Menschlichkeit gebotenen Hilfsmittel zu gewähren.

Die durch die Unterbringung verursachten Kosten sind nach dem Friedensschlusse zu ersetzen.

13. Die neutrale Macht, die entwichene Kriegsgefangene bei sich aufnimmt, wird diese in Freiheit lassen. Wenn sie ihnen gestattet, auf ihrem Gebiete zu verweilen, so kann sie ihnen den Aufenthaltsort anweisen.

Die gleiche Bestimmung findet Anwendung auf die Kriegsgefangenen, die von den Truppen bei ihrer Flucht auf das Gebiet der neutralen Macht mitgeführt werden.

14. Eine neutrale Macht kann den Durchzug von Verwundeten oder Kranken der kriegführenden Heere durch ihr Gebiet gestatten, doch nur unter dem Vorbehalte, daß die zur Beförderung benutzten Züge weder Kriegspersonal noch Kriegsmaterial mit sich führen. Die neutrale Macht ist in einem solchen Falle verpflichtet, die erforderlichen Sicherheits- und Aufsichtsmaßregeln zu treffen.

Die der Gegenpartei angehörenden Verwundeten oder Kranken, die unter solchen Umständen von einem der Kriegführenden auf neutrales Gebiet gebracht werden, sind von der neutralen Macht derart zu bewachen, daß sie an den Kriegsunternehmungen nicht wieder teilnehmen können. Diese Macht hat die gleichen Verpflichtungen in Ansehung der ihr anvertrauten Verwundeten oder Kranken des anderen Heeres.

15. Das Genfer Abkommen gilt auch für die im neutralen Gebiet untergebrachten Kranken und Verwundeten.

Drittes Kapitel.

Neutrale Personen.

16. Als Neutrale sind anzusehen die Angehörigen eines an dem Kriege nicht beteiligten Staates.

17. Ein Neutraler kann sich auf seine Neutralität nicht berufen:

a) wenn er feindliche Handlungen gegen einen Kriegführenden begeht;

b) wenn er Handlungen zugunsten eines Kriegführenden begeht, insbesondere wenn er freiwillig Kriegsdienste in der bewaffneten Macht einer der Parteien nimmt.

In einem solchen Falle darf der Neutrale von dem Kriegführenden, demgegenüber er die Neutralität außer acht gelassen hat, nicht strenger behandelt werden, als ein Angehöriger des anderen kriegführenden Staates wegen der gleichen Tat behandelt werden kann.

18. Als Handlungen zugunsten eines Kriegführenden im Sinne des Artikel 17b sind nicht anzusehen:

a) die Übernahme von Lieferungen oder die Bewilligung von Darlehen an einen Kriegführenden, vorausgesetzt, daß der Lieferant oder Darleiher weder im Gebiete der anderen Partei noch in dem von ihr besetzten Gebiete wohnt und daß auch die Lieferungen nicht aus diesen Gebieten herrühren;

b) die Leistung von polizeilichen oder Zivilverwaltungsdiensten.

Viertes Kapitel.

Eisenbahnmaterial[1]).

19. Das aus dem Gebiet einer neutralen Macht herrührende Eisenbahnmaterial, das entweder dieser Macht oder Gesellschaften oder Privatpersonen gehört und als solches erkennbar ist, darf von einem Kriegführenden nur in dem Falle und in dem Maße, in dem eine gebieterische Notwendigkeit es verlangt, angefordert und benutzt werden. Es muß möglichst bald in das Herkunftsland zurückgesandt werden.

Desgleichen kann die neutrale Macht im Falle der Not das aus dem Gebiete der kriegführenden Macht herrührende Material in entsprechendem Umfange festhalten und benutzen.

Von der einen wie von der anderen Seite soll eine Entschädigung nach Verhältnis des benutzten Materials und der Dauer der Benutzung gezahlt werden.

Fünftes Kapitel.

Schlußbestimmungen.

20. Die Bestimmungen dieses Abkommens finden nur zwischen Vertragsmächten Anwendung und nur

---

[1]) Die Bestimmungen über das Eisenbahnmaterial waren bis 1907 in der Anlage zum IV. Abkommen enthalten. Vgl. über „Die Eisenbahnen im Kriege" die Dissertation von Nowacki (1906) sowie meine Abhandlung im „Archiv für Eisenbahnwesen" (1910).

dann, wenn die Kriegführenden sämtlich Vertragsparteien sind.

21—25 enthalten Ratifikationsbestimmungen usw., die mit denen der Artikel 3—7 des II. Abkommens übereinstimmen.

VI. Abkommen über die Behandlung der feindlichen Kauffahrteischiffe beim Ausbruche der Feindseligkeiten[1].

Vom 18. Oktober 1907 (RGBl. 1910, Nr. 2, S. 181).

I. Dieses Abkommen ist von 41 Staaten gezeichnet worden. Nicht unterzeichnet haben die Vereinigten Staaten von Amerika, China und Nicaragua. Vorbehalte haben erklärt:

1. Deutschland, betreffend Artikel 3 und Artikel 4 Abs. 2.
2. Rußland, betreffend Artikel 3 und Artikel 4 Abs. 2.

II. Dieses Abkommen ist am 27. November 1909 von Deutschland, Österreich-Ungarn, Dänemark, Großbritannien, Mexiko, den Niederlanden, Rußland, Salvador und Schweden ratifiziert worden. Ueber die erste Hinterlegung von Ratifikationsurkunden ist am 27. November 1909 ein Protokoll aufgenommen worden. Die Vorbehalte Deutschlands und Rußlands sind in den Ratifikationsurkunden ausdrücklich aufrechterhalten worden.

III. Diesem Abkommen ist Nicaragua am 16. Dezember 1909 beigetreten.

---

[1]) In den Eingangsworten dieses Abkommens steht vor allem, daß das Abkommen zur Sicherung des internationalen Handels geschlossen ist.

1. Befindet sich ein Kauffahrteischiff einer der kriegführenden Mächte beim Ausbruche der Feindseligkeiten in einem feindlichen Hafen, so ist es erwünscht[1]), daß ihm gestattet wird, unverzüglich oder binnen einer ihm zu vergönnenden ausreichenden Frist frei auszulaufen und, nachdem es mit einem Passierscheine versehen worden ist[2]), unmittelbar seinen Bestimmungshafen oder einen sonstigen Hafen aufzusuchen, der ihm bezeichnet werden wird[2]).

Das gleiche gilt für ein Schiff, das seinen letzten Abfahrtshafen vor dem Beginne des Krieges verlassen hat und ohne Kenntnis der Feindseligkeiten einen feindlichen Hafen anläuft.

2. Ein Kauffahrteischiff, das infolge höherer Gewalt den feindlichen Hafen nicht binnen der im vorstehenden Artikel erwähnten Frist hat verlassen können oder dem das Auslaufen nicht gestattet worden ist, darf nicht eingezogen werden.

Der Kriegführende darf es nur entweder unter der Verpflichtung, es nach dem Kriege ohne Entschädigung zurückzugeben, mit Beschlag belegen oder gegen Entschädigung für sich anfordern.

3[3]). Die feindlichen Kauffahrteischiffe, die ihren letzten Abfahrtshafen vor dem Beginne des Krieges

---

[1]) Vgl. Art. 9 der Londoner Deklaration, die eine Pflicht ausspricht.

[2]) Die amtliche deutsche Uebersetzung gibt diese Stellen nicht genau wieder.

[3]) Vgl. Art. 43 der Londoner Deklaration.

verlassen haben und in Unkenntnis der Feindseligkeiten auf See betroffen werden, dürfen nicht eingezogen werden. Sie unterliegen nur entweder der Beschlagnahme unter der Verpflichtung, daß sie nach dem Kriege ohne Entschädigung zurückgegeben werden, oder der Anforderung oder selbst Zerstörung gegen Entschädigung und unter der Verpflichtung, daß für die Sicherheit der Personen und die Erhaltung der Schiffspapiere gesorgt wird.

Sobald diese Schiffe einen Hafen ihres Landes oder einen neutralen Hafen berührt haben, sind sie den Gesetzen und Gebräuchen des Seekriegs unterworfen.

4. Die feindlichen Waren, die sich an Bord der in den Artikeln 1, 2 bezeichneten Schiffe befinden, unterliegen ebenfalls, zusammen mit dem Schiffe oder allein, entweder der Beschlagnahme, wobei sie nach dem Kriege ohne Entschädigung zurückzugeben sind, oder der Anforderung gegen Entschädigung.

Das gleiche gilt für Waren, die sich an Bord der im Artikel 3 bezeichneten Schiffe befinden.

5. Dieses Abkommen erstreckt sich nicht auf solche Kauffahrteischiffe, deren Bau ersehen läßt, daß sie zur Umwandlung in Kriegsschiffe bestimmt sind.

6. Die Bestimmungen dieses Abkommens finden nur zwischen den Vertragsmächten Anwendung und nur dann, wenn die Kriegführenden sämtlich Vertragsparteien sind.

7—11 enthalten Ratifikationsbestimmungen usw., die mit denen der Artikel 3—7 des II. Abkommens übereinstimmen.

VII. Abkommen über die Umwandlung von Kauffahrteischiffen in Kriegsschiffe[1]).

Vom 18. Oktober 1900 (RGBl. 1910, Nr. 2, S. 207).

I. Dieses Abkommen ist von 39 Mächten gezeichnet worden. Nicht unterzeichnet haben die Vereinigten Staaten von Amerika, China, die Dominikanische Republik, Nicaragua, Uruguay. Einen Vorbehalt hat lediglich die Türkei erklärt: „Sie verpflichtet sich keineswegs, als Kriegsschiffe diejenigen Schiffe anzuerkennen, die, während sie sich in ihren Gewässern oder auf hoher See unter der Handelsflagge befinden, bei Beginn der Feindseligkeiten umgewandelt werden würden."

II. Dieses Abkommen ist am 27. November 1909 von Deutschland, Österreich-Ungarn, Dänemark, Großbritannien, Mexiko, den Niederlanden, Rußland, Salvador und Schweden ratifiziert worden. Über die erste Hinterlegung von Ratifikationsurkunden ist am 27. November 1909 ein Protokoll aufgenommen worden.

III. Diesem Abkommen ist Nicaragua am 16. Dezember 1909 beigetreten.

---

[1]) In den Einleitungsworten dieses Abkommens ist u. a. ausdrücklich hervorgehoben, daß man nicht zu einer Einigung darüber hat gelangen können, ob die Umwandlung von Kauffahrteischiffen in Kriegsschiffe auch auf hoher See geschehen darf.

1. Kein Kauffahrteischiff, das in ein Kriegsschiff umgewandelt ist, hat die mit dieser Eigenschaft verbundenen Rechte und Verpflichtungen, wenn es nicht dem direkten Befehle, der unmittelbaren Aufsicht und der Verantwortlichkeit der Macht, deren Flagge es führt, unterstellt ist.

2. Die in Kriegsschiffe umgewandelten Kauffahrteischiffe müssen die äußeren Abzeichen der Kriegsschiffe ihres Heimatlandes tragen.

3. Der Befehlshaber muß im Staatsdienste stehen und von der zuständigen Staatsgewalt ordnungsmäßig bestellt sein. Sein Name muß in der Rangliste der Kriegsmarine stehen.

4. Die Mannschaft muß den Regeln der militärischen Disziplin unterworfen sein.

5. Jedes in ein Kriegsschiff umgewandelte Kauffahrteischiff hat bei seinen Unternehmungen die Gesetze und Gebräuche des Krieges zu beobachten.

6. Der Kriegführende, der ein Kauffahrteischiff in ein Kriegsschiff umwandelt, muß diese Umwandlung möglichst bald auf der Liste seiner Kriegsschiffe vermerken.

7. Die Bestimmungen dieses Abkommens finden nur zwischen den Vertragsmächten Anwendung und nur dann, wenn die Kriegführenden sämtlich Vertragsparteien sind.

8—12 enthalten Ratifikationsbestimmungen, die mit denen der Artikel 3—7 des II. Abkommens übereinstimmen.

VIII. Abkommen über die Legung von unterseeischen selbsttätigen Kontaktminen [1] [2].

Vom 18. Oktober 1907 (RGBl. 1910, Nr. 2, S. 231).

I. Dieses Abkommen ist von 37 Staaten gezeichnet worden. Nicht unterzeichnet haben China, Spanien, Montenegro, Nicaragua, Portugal, Rußland und Schweden. Vorbehalte haben erklärt:

1. Deutschland, betreffend Artikel 2.

2. Die Dominikanische Republik, betreffend Artikel 1 Abs. 1.

3. Frankreich, betreffend Artikel 2.

4. Großbritannien: „Der bloßen Tatsache, daß das Abkommen irgendein Handeln oder irgendein Vorgehen nicht verbietet, darf nicht die Bedeutung beigemessen werden, als ob die englische Regierung des Rechts beraubt würde, die Rechtmäßigkeit solchen Handelns oder Vorgehens zu bestreiten."

5. Siam, betreffend Artikel 1 Abs. 1.

---

1) In den Eingangsworten dieses Abkommens ist u. a. hervorgehoben, daß dieses Abkommen von dem Grundsatze der Freiheit der Meeresstraßen ausgeht.

2) Eine zusammenfassende Darstellung hat dieses Abkommen in der Dissertation von Wetzstein „Die Seeminenfrage im Völkerrecht" (Leipzig 1908) gefunden.

6. Die Türkei: Sie will durch das Abkommen nicht der Mittel beraubt werden, die sie ev. zur Verteidigung der Zugänge der Dardanellen und des Bosporus für nötig halten würde.

II. Dieses Abkommen ist am 27. November 1909 von Deutschland, den Vereinigten Staaten von Amerika, Österreich-Ungarn, Dänemark, Großbritannien, Mexiko, den Niederlanden und Salvador ratifiziert worden. Über die erste Hinterlegung von Ratifikationsurkunden ist am 27. November 1909 ein Protokoll aufgenommen worden. Die von Deutschland und Großbritannien bei der Unterzeichnung gemachten Vorbehalte sind in den Ratifikationsurkunden ausdrücklich aufrechterhalten worden.

III. Diesem Abkommen ist Nicaragua am 16. Dezember 1909 beigetreten.

1. Es ist untersagt:

1. unverankerte selbsttätige Kontaktminen zu legen, außer wenn diese so eingerichtet sind, daß sie spätestens eine Stunde, nachdem der sie Legende die Aufsicht über sie verloren hat, unschädlich werden;
2. verankerte selbsttätige Kontaktminen zu legen, wenn diese nicht unschädlich werden, sobald sie sich von ihrer Verankerung losgerissen haben;
3. Torpedos zu verwenden, wenn diese nicht unschädlich werden, nachdem sie ihr Ziel verfehlt haben.

2. Es ist untersagt, vor den Küsten und den Häfen des Gegners selbsttätige Kontaktminen zu legen zu dem alleinigen Zwecke, die Handelsschiffahrt zu unterbinden.

3. Bei der Verwendung von verankerten selbsttätigen Kontaktminen sind für die Sicherheit der friedlichen Schiffahrt alle möglichen Vorsichtsmaßregeln zu treffen.

Die Kriegführenden verpflichten sich, nach Möglichkeit dafür zu sorgen, daß diese Minen nach Ablauf eines begrenzten Zeitraums unschädlich werden; auch verpflichten sie sich, falls ihre Ueberwachung aufhört, die gefährlichen Gegenden den Schiffahrtskreisen, sobald es die militärischen Rücksichten gestatten, durch eine Bekanntmachung zu bezeichnen, die auch den Regierungen auf diplomatischem Wege mitzuteilen ist.

4. Jede neutrale Macht, die vor ihren Küsten selbsttätige Kontaktminen legt, soll dieselben Regeln beobachten und dieselben Vorsichtsmaßregeln treffen, wie sie den Kriegführenden zur Pflicht gemacht sind.

Die neutrale Macht muß durch eine vorgängige Bekanntmachung die Gegenden, wo selbsttätige Kontaktminen gelegt werden sollen, zur Kenntnis der Schiffahrtskreise bringen. Diese Bekanntmachung soll den Regierungen schleunigst auf diplomatischem Wege mitgeteilt werden.

5. Die Vertragsmächte verpflichten sich, nach Beendigung des Krieges alles, was an ihnen liegt, zu tun, um, jede auf ihrer Seite, die gelegten Minen zu beseitigen.

Was die verankerten selbsttätigen Kontaktminen betrifft, welche einer der Kriegführenden längs den

Küsten des anderen gelegt hat, so soll deren Lage von derjenigen Macht, die sie gelegt hat, der anderen Partei mitgeteilt werden, und jede Macht soll in kürzester Frist zur Beseitigung der in ihren Gewässern befindlichen Minen schreiten.

6. Die Vertragsmächte, die noch nicht über vervollkommnete Minen, so wie sie dieses Abkommen vorsieht, verfügen und mithin zurzeit die in den Artikeln 1 und 3 aufgestellten Regeln nicht befolgen können, verpflichten sich, ihr Minenmaterial möglichst bald umzugestalten, damit es den erwähnten Vorschriften entspricht.

7. Die Bestimmungen dieses Abkommens finden nur zwischen den Vertragsmächten Anwendung und nur dann, wenn die Kriegführenden sämtlich Vertragsparteien sind.

8. Dieses Abkommen soll möglichst bald ratifiziert werden.

Die Ratifikationsurkunden sollen im Haag hinterlegt werden.

Die erste Hinterlegung von Ratifikationsurkunden wird durch ein Protokoll festgestellt, das von den Vertretern der daran teilnehmenden Mächte und von dem Niederländischen Minister der auswärtigen Angelegenheiten unterzeichnet wird.

Die späteren Hinterlegungen von Ratifikationsurkunden erfolgen mittels einer schriftlichen, an die Regierung der Niederlande gerichteten Anzeige, der die Ratifikationsurkunde beizufügen ist.

Beglaubigte Abschrift des Protokolls über die erste Hinterlegung von Ratifikationsurkunden, der im vorstehenden Absatz erwähnten Anzeigen sowie der Ratifikationsurkunden wird durch die Regierung der Niederlande den zur Zweiten Friedenskonferenz eingeladenen Mächten sowie den anderen Mächten, die dem Abkommen beigetreten sind, auf diplomatischem Wege mitgeteilt werden. In den Fällen des vorstehenden Absatzes wird die bezeichnete Regierung ihnen zugleich bekanntgeben, an welchem Tage sie die Anzeige erhalten hat.

9. Die Mächte, die nicht unterzeichnet haben, können diesem Abkommen später beitreten.

Die Macht, die beizutreten wünscht, hat ihre Absicht der Regierung der Niederlande schriftlich anzuzeigen und ihr dabei die Beitrittsurkunde zu übersenden, die im Archive der bezeichneten Regierung hinterlegt werden wird.

Diese Regierung wird unverzüglich allen anderen Mächten beglaubigte Abschrift der Anzeige wie der Beitrittsurkunde übersenden und zugleich angeben, an welchem Tage sie die Anzeige erhalten hat.

10. Dieses Abkommen wird wirksam für die Mächte, die an der ersten Hinterlegung von Ratifikationsurkunden teilgenommen haben, sechzig Tage nach dem Tage, an dem das Protokoll über diese Hinterlegung aufgenommen ist, und für die später ratifizierenden oder beitretenden Mächte sechzig Tage, nachdem die Regierung der Niederlande die Anzeige von ihrer Ratifikation oder von ihrem Beitritt erhalten hat.

11. Dieses Abkommen gilt für die Dauer von sieben Jahren, gerechnet vom sechzigsten Tage nach dem Tage der ersten Hinterlegung von Ratifikationsurkunden.

In Ermangelung einer Kündigung bleibt es nach dem Ablaufe dieser Frist weiter in Kraft.

Die Kündigung soll schriftlich der Regierung der Niederlande erklärt werden, die unverzüglich beglaubigte Abschrift der Erklärung allen Mächten mitteilt und ihnen zugleich bekanntgibt, an welchem Tage sie die Erklärung erhalten hat.

Die Kündigung soll nur in Ansehung der Macht wirksam sein, die sie erklärt hat, und erst sechs Monate, nachdem die Erklärung bei der Regierung der Niederlande eingegangen ist.

12. Die Vertragsmächte verpflichten sich, die Frage der Verwendung selbsttätiger Kontaktminen sechs Monate vor dem Ablaufe der im ersten Absatze des vorstehenden Artikels vorgesehenen Frist wieder aufzunehmen, falls sie nicht vorher von der Dritten Friedenskonferenz wieder aufgenommen und gelöst worden ist.

Sollten die Vertragsmächte ein neues Abkommen über die Verwendung von Minen schließen, so verliert, sobald dieses in Kraft tritt, das vorliegende Abkommen seine Gültigkeit.

13. Ein im Niederländischen Ministerium der

auswärtigen Angelegenheiten geführtes Register soll den Tag der gemäß Artikel 8 Abs. 3, 4 erfolgten Hinterlegung von Ratifikationsurkunden angeben sowie den Tag, an dem die Anzeigen von dem Beitritt (Artikel 9 Abs. 2) oder von der Kündigung (Artikel 11 Abs. 3) eingegangen sind.

Jede Vertragsmacht hat das Recht, von diesem Register Kenntnis zu nehmen und beglaubigte Auszüge daraus zu verlangen.

IX. Abkommen, betreffend die Beschiessung durch Seestreitkräfte in Kriegszeiten[1].

Vom 18. Oktober 1907 (RGBl. 1910, Nr. 2, S. 256).

I. Dieses Abkommen ist von 41 Staaten gezeichnet worden. Nicht unterzeichnet haben China, Spanien und Nicaragua. Vorbehalte haben erklärt:

1. Deutschland, betreffend Artikel 1 Abs. 2.
2. Chile, betreffend Artikel 3.
3. Frankreich, betreffend Artikel 1 Abs. 2.
4. England, betreffend Artikel 1 Abs. 2.
5. Japan, betreffend Artikel 1 Abs. 2.

---

[1]) In den Eingangsworten dieses Abkommens ist u. a. hervorgehoben, daß dieses Abkommen in Verwirklichung eines von der Ersten Friedenskonferenz ausgesprochenen Wunsches geschlossen worden ist.

II. Dieses Abkommen ist am 27. November 1909 von Deutschland, den Vereinigten Staaten von Amerika, Österreich-Ungarn, Bolivien, Dänemark, Großbritannien, Mexiko, den Niederlanden, Rußland, Salvador und Schweden ratifiziert worden. Über die erste Hinterlegung von Ratifikationsurkunden ist am 27. November 1909 ein Protokoll aufgenommen worden. Die von Deutschland und England bei der Unterzeichnung des Abkommens gemachten Vorbehalte sind in den Ratifikationsurkunden ausdrücklich aufrechterhalten worden.

III. Diesem Abkommen ist Nicaragua am 16. Dezember 1909 sowie China am 15. Januar 1910 beigetreten.

Erstes Kapitel.

Beschießung unverteidigter Häfen, Städte, Dörfer, Wohnstätten oder Gebäude.

1. Es ist untersagt, unverteidigte Häfen, Städte, Dörfer, Wohnstätten oder Gebäude durch Seestreitkräfte zu beschießen.

Eine Ortschaft darf nicht aus dem Grunde allein beschossen werden, weil vor ihrem Hafen unterseeische selbsttätige Kontaktminen gelegt sind.

2. In diesem Verbote sind jedoch nicht einbegriffen militärische Werke, Militär- oder Marineanlagen, Niederlagen von Waffen oder von Kriegsmaterial, Werkstätten und Einrichtungen, die für die Bedürfnisse der feindlichen Flotte oder des feindlichen Heeres nutzbar gemacht werden können, sowie im Hafen befindliche Kriegsschiffe. Der Befehlshaber einer Seestreitmacht kann sie nach Aufforderung mit angemessener Frist durch Geschützfeuer

zerstören, wenn jedes andere Mittel ausgeschlossen ist und die Ortsbehörden nicht innerhalb der gestellten Frist zu der Zerstörung geschritten sind.

Ihn trifft in diesem Falle keine Verantwortung für den nicht beabsichtigten Schaden, der durch die Beschießung etwa verursacht worden ist.

Wenn zwingende militärische Gründe, die ein sofortiges Handeln erfordern, die Bewilligung einer Frist nicht gestatten, so versteht es sich, daß das Verbot der Beschießung der unverteidigten Stadt ebenso wie im Falle des Abs. 1 bestehen bleibt und daß der Befehlshaber alle erforderlichen Anordnungen zu treffen hat, damit daraus für die Stadt möglichst wenig Nachteile entstehen.

3. Nach ausdrücklicher Ankündigung kann zur Beschießung unverteidigter Häfen, Städte, Dörfer, Wohnstätten und Gebäude geschritten werden, wenn die Ortsbehörde, nachdem sie durch eine förmliche Aufforderung in Verzug gesetzt ist, sich weigert, einer Anforderung von Lebensmitteln oder Vorräten nachzukommen, die für das augenblickliche Bedürfnis der vor der Ortschaft liegenden Seestreitmacht benötigt werden.

Die angeforderten Leistungen müssen im Verhältnisse zu den Hilfsquellen der Ortschaft stehen. Sie sollen nur mit Ermächtigung des Befehlshabers der Seestreitmacht gefordert und so viel wie möglich bar bezahlt werden; andernfalls sind dafür Empfangsbescheinigungen auszustellen.

4. Es ist untersagt, unverteidigte Häfen, Städte, Dörfer, Wohnstätten und Gebäude zu beschießen, weil sie Auflagen in Geld nicht bezahlt haben.

Zweites Kapitel.

Allgemeine Bestimmungen.

5. Bei der Beschießung durch Seestreitkräfte sollen von dem Befehlshaber alle erforderlichen Vorkehrungen getroffen werden, um die dem Gottesdienste, der Kunst, der Wissenschaft und der Wohltätigkeit gewidmeten Gebäude, die geschichtlichen Denkmäler, die Hospitäler und Sammelplätze für Kranke oder Verwundete so viel wie möglich zu schonen, vorausgesetzt, daß sie nicht gleichzeitig zu einem militärischen Zwecke Verwendung finden.

Pflicht der Einwohner ist es, diese Denkmäler, Gebäude oder Sammelplätze durch deutliche Zeichen kenntlich zu machen, die aus großen und steifen rechteckigen Flächen bestehen und diagonal in zwei Dreiecke, das obere von schwarzer, das untere von weißer Farbe, geteilt sein sollen.

6. Mit Ausnahme des Falles, wo die militärischen Erfordernisse es nicht gestatten, soll der Befehlshaber der angreifenden Seestreitmacht vor Eröffnung der Beschießung alles, was an ihm liegt, tun, um die Behörden zu benachrichtigen.

7. Es ist untersagt, Städte oder Ortschaften, selbst wenn sie im Sturme genommen sind, der Plünderung preiszugeben.

Drittes Kapitel.
Schlußbestimmungen.

8. Die Bestimmungen dieses Abkommens finden nur zwischen den Vertragsmächten Anwendung und nur dann, wenn die Kriegführenden sämtlich Vertragsparteien sind.

9—13 enthalten Ratifikationsbestimmungen usw., die mit denen der Artikel 3—7 des II. Abkommens übereinstimmen.

X. Abkommen, betreffend die Anwendung der Grundsätze des Genfer Abkommens auf den Seekrieg[1][2].

Vom 18. Oktober 1907 (RGBl. 1910, Nr. 2, S. 283).

I. Dieses Abkommen ist von 43 Staaten gezeichnet worden. Nicht unterzeichnet hat Nicaragua. Vorbehalte haben erklärt:

---

[1]) In den Eingangsworten dieses Abkommens erklären die Staaten ihren Willen, die unvermeidlichen Übel des Krieges möglichst zu verringern; auch weisen sie darauf hin, daß die Veränderung des entsprechenden Abkommens von 1899 nach der Reform der Genfer Konvention im Jahre 1906 nötig war.

[2]) Vgl. hierzu das „Abkommen über die Abgabenfreiheit von Lazarettschiffen" vom 21. Dezember 1904 (RGBl. 1907 S. 722):

1. China, betreffend Artikel 21.

2. England, betreffend Artikel 6 und Artikel 21. Es erklärt ferner, den Artikel 12 so zu verstehen, daß sich seine Anwendung auf den einzigen Fall beschränkt, wo Kombattanten während oder nach einem Kampfe zur See, an dem sie teilgenommen haben, aufgenommen worden sind.

3. Persien, betreffend das von der Konferenz ihm zuerkannte Recht, Löwe und Sonne in Rot statt und an Stelle des Roten Kreuzes zu verwenden.

4. Die Türkei, betreffend das von der Konferenz ihr zuerkannte Recht des Gebrauches des roten Halbmondes.

---

1. Die Lazarettschiffe, in Ansehung deren die Voraussetzungen erfüllt sind, die in den Artikeln 1, 2, 3 des am 29. Juli 1899 im Haag getroffenen Abkommens, betreffend die Anwendung der Grundsätze der Genfer Konvention vom 22. August 1864 auf den Seekrieg, aufgestellt werden, sollen im Kriegsfall in den Häfen der vertragschließenden Teile von allen Gebühren und Abgaben befreit sein, die den Schiffen zugunsten des Staates auferlegt sind.

2. Die Bestimmung des vorstehenden Artikels steht der Anwendung der in den Häfen geltenden fiskalischen oder sonstigen Gesetze bei Besichtigungen oder anderen Förmlichkeiten nicht entgegen.

3. Die im Artikel 1 enthaltene Vorschrift ist für die Vertragsmächte nur bindend im Falle eines Krieges zwischen zwei oder mehreren von ihnen.

Die bezeichnete Vorschrift hört mit dem Augenblick auf, verbindlich zu sein, wo in einem Kriege zwischen Vertragsmächten eine Nichtvertragsmacht sich einer der Kriegsparteien anschließen sollte.

4—6 enthalten Ratifikationsbestimmungen usw. Deutschland hat sich vorbehalten, das Abkommen solchen Staaten gegenüber nicht zur Anwendung zu bringen, in deren Häfen deutschen Lazarettschiffen Gebühren und Abgaben zugunsten sonst jemandes als des Staates auferlegt werden.

II. Dieses Abkommen ist am 27. November 1909 von Deutschland, den Vereinigten Staaten von Amerika, Österreich-Ungarn, Bolivien, China, Dänemark, Mexiko, den Niederlanden, Rußland und Salvador ratifiziert worden. Über die erste Hinterlegung der Ratifikationsurkunden ist am 27. November 1909 ein Protokoll aufgenommen worden.

III. Diesem Abkommen ist Nicaragua am 16. Dezember 1909 beigetreten.

1. Die militärischen Lazarettschiffe, das heißt die Schiffe, die vom Staate einzig und allein erbaut oder eingerichtet worden sind, um den Verwundeten, Kranken und Schiffbrüchigen Hilfe zu bringen, und deren Namen beim Beginn oder im Verlaufe der Feindseligkeiten, jedenfalls aber vor irgendwelcher Verwendung, den kriegführenden Mächten mitgeteilt werden, sind zu achten und dürfen während der Dauer der Feindseligkeiten nicht weggenommen werden.

Auch dürfen diese Schiffe bei einem Aufenthalt in neutralen Häfen nicht als Kriegsschiffe behandelt werden.

2. Lazarettschiffe, die ganz oder zum Teile auf Kosten von Privatpersonen oder von amtlich anerkannten Hilfsgesellschaften ausgerüstet worden sind, sind ebenfalls zu achten und von der Wegnahme ausgeschlossen, sofern die kriegführende Macht, der sie angehören, eine amtliche Bescheinigung für sie ausgestellt und ihre Namen dem Gegner beim Beginn oder im Verlaufe der Feindseligkeiten,

jedenfalls aber vor irgendwelcher Verwendung bekanntgemacht hat.

Diese Schiffe müssen eine Bescheinigung der zuständigen Behörde darüber bei sich führen, daß sie sich während der Ausrüstung und beim Auslaufen unter ihrer Aufsicht befunden haben.

3. Lazarettschiffe, die ganz oder zum Teile auf Kosten von Privatpersonen oder von amtlich anerkannten Hilfsgesellschaften neutraler Staaten ausgerüstet worden sind, sind zu achten und von der Wegnahme ausgeschlossen unter der Bedingung[1]), daß sie sich der Leitung eines der Kriegführenden mit vorgängiger Einwilligung ihrer eigenen Regierung und mit Ermächtigung des Kriegführenden selbst unterstellt haben und daß dieser ihren Namen zu Beginn oder im Verlaufe der Feindseligkeiten, jedenfalls aber vor irgendwelcher Verwendung, dem Gegner bekanntgemacht hat.

4. Die in den Artikeln 1, 2, 3 bezeichneten Schiffe sollen den Verwundeten, Kranken und Schiffbrüchigen der Kriegführenden ohne Unterschied der Nationalität Hilfe und Beistand gewähren.

Die Regierungen verpflichten sich, diese Schiffe zu keinerlei militärischen Zwecken zu benutzen.

Diese Schiffe dürfen in keiner Weise die Bewegungen der Kriegsschiffe behindern.

Während des Kampfes und nach dem Kampfe handeln sie auf ihre eigene Gefahr.

---

[1]) Diese Bedingung ist erst 1907 hinzugefügt worden.

Die Kriegführenden üben über sie ein Aufsichts- und Durchsuchungsrecht aus; sie können ihre Hilfe ablehnen, ihnen befehlen, sich zu entfernen, ihnen eine bestimmte Fahrtrichtung vorschreiben, einen Kommissar[1]) an Bord geben und sie auch zurückhalten, wenn besonders erhebliche Umstände es erfordern.

Die Kriegführenden sollen die den Lazarettschiffen gegebenen Befehle so weit wie möglich in deren Schiffstagebuch eintragen.

5. Die militärischen Lazarettschiffe sind kenntlich zu machen durch einen äußeren weißen Anstrich mit einem wagerecht laufenden, etwa anderthalb Meter breiten grünen Streifen.

Die in den Artikeln 2, 3 bezeichneten Schiffe sind kenntlich zu machen durch einen äußeren weißen Anstrich mit einem wagerecht laufenden, etwa anderthalb Meter breiten roten Streifen.

Die Boote dieser Schiffe sowie die kleinen, zum Lazarettdienste verwendeten Fahrzeuge müssen durch einen ähnlichen Anstrich kenntlich gemacht sein.

Alle Lazarettschiffe sollen sich dadurch erkennbar machen, daß sie neben der Nationalflagge die in dem Genfer Abkommen vorgesehene weiße Flagge mit dem roten Kreuze[2]) und außerdem, sofern sie einem

---

[1]) der von niemandem gefangen genommen werden darf.

[2]) Statt dessen haben die Türkei, Persien und Siam besondere Abzeichen. Vgl. S. 137.

neutralen Staate angehören, am Hauptmaste die Nationalflagge des Kriegführenden, dessen Leitung sie sich unterstellt haben, hissen[1]).

Lazarettschiffe, die gemäß Artikel 4 vom Feinde zurückgehalten werden, haben die Nationalflagge des Kriegführenden, dem sie unterstellt sind, niederzuholen.

Wollen sich die vorstehend erwähnten Schiffe und Boote auch während der Nacht den ihnen gebührenden Schutz sichern, so haben sie mit Genehmigung des Kriegführenden, den sie begleiten, die notwendigen Vorkehrungen zu treffen, damit der sie kenntlich machende Anstrich genügend sichtbar ist.

6. Die im Artikel 5 vorgesehenen Abzeichen sollen sowohl in Friedens- als auch in Kriegszeiten nur zum Schutze und zur Bezeichnung der dort erwähnten Schiffe gebraucht werden.

7. Im Falle eines Kampfes an Bord eines Kriegsschiffs sollen die Lazarette tunlichst geachtet und geschont werden.

Diese Lazarette und ihre Ausrüstung bleiben den Kriegsgesetzen unterworfen, dürfen aber ihrer Bestimmung nicht entzogen werden, solange sie für Verwundete und Kranke erforderlich sind.

Gleichwohl kann der Befehlshaber, der sie in seiner Gewalt hat, im Falle gewichtiger militärischer Erfordernisse darüber verfügen, wenn er zuvor den

---

[1]) Daher haben neutrale Lazarettschiffe 3 Flaggen, die Lazarette im Landkriege dagegen immer nur 2.

Verbleib der darin untergebrachten Verwundeten und Kranken sichergestellt hat.

8. Der den Lazarettschiffen und den Schiffslazaretten gebührende Schutz hört auf, wenn sie dazu verwendet werden, dem Feinde zu schaden.

Als geeignet, um den Verlust des Schutzes zu begründen, soll weder die Tatsache gelten, daß das Personal dieser Schiffe und Lazarette zur Aufrechterhaltung der Ordnung und zur Verteidigung der Verwundeten oder Kranken bewaffnet ist, noch die Tatsache, daß sich eine funkentelegraphische Einrichtung an Bord befindet.

9. Die Kriegführenden können den Wohltätigkeitssinn der Führer neutraler Kauffahrteischiffe, Jachten oder Boote anrufen, damit sie Verwundete oder Kranke an Bord nehmen und versorgen.

Fahrzeuge, die diesem Aufrufe nachkommen, ebenso wie solche, die unaufgefordert Verwundete, Kranke oder Schiffbrüchige aufgenommen haben, genießen einen besonderen Schutz und bestimmte Vergünstigungen. In keinem Falle können sie wegen einer solchen Beförderung weggenommen werden; sie bleiben jedoch, sofern ihnen nicht ein anderes versprochen ist, im Falle von Neutralitätsverletzungen, deren sie sich etwa schuldig gemacht haben, der Wegnahme ausgesetzt.

10. Das geistliche, ärztliche und Lazarettpersonal weggenommener Schiffe ist unverletzlich und kann

nicht kriegsgefangen gemacht werden. Es ist berechtigt, beim Verlassen des Schiffes die Gegenstände und chirurgischen Instrumente, die sein Privateigentum sind, mit sich zu nehmen.

Es soll jedoch seine Dienste so lange weiter leisten, als es notwendig erscheint, und kann sich erst dann zurückziehen, wenn der oberste Befehlshaber es für zulässig erklärt.

Die Kriegführenden sind verpflichtet, diesem Personale, wenn es in ihre Hände fällt, dieselben Bezüge und dieselbe Löhnung zuzusichern wie dem Personale gleichen Dienstgrads der eigenen Marine.

11. Die an Bord befindlichen Marine- und Militärpersonen sowie andere den Marinen oder Heeren dienstlich beigegebene Personen sollen, sofern sie verwundet oder krank sind, von dem, der das Schiff nimmt, ohne Unterschied der Nationalität geachtet und versorgt werden.

12. Jedes Kriegsschiff einer Kriegspartei kann die Herausgabe der Verwundeten, Kranken oder Schiffbrüchigen verlangen, die sich an Bord von militärischen Lazarettschiffen, von Lazarettschiffen einer Hilfsgesellschaft oder einer Privatperson, von Kauffahrteischiffen, Jachten und Booten befinden, welches auch die Nationalität dieser Fahrzeuge sei.

13. Wenn ein neutrales Kriegsschiff Verwundete, Kranke oder Schiffbrüchige an Bord genommen hat, so muß so weit wie möglich dafür gesorgt werden, daß diese nicht wieder an den Kriegsunternehmungen teilnehmen können.

14. Schiffbrüchige, Verwundete oder Kranke eines Kriegführenden sind Kriegsgefangene, wenn sie in die Gewalt des anderen Kriegführenden fallen. Es bleibt diesem überlassen, den Umständen nach darüber zu befinden, ob sie festzuhalten oder ob sie nach einem Hafen seiner Nation, nach einem neutralen Hafen oder selbst nach einem Hafen des Gegners befördert werden sollen. Im letzteren Falle dürfen die so in ihre Heimat entlassenen Kriegsgefangenen während der Dauer des Krieges nicht mehr dienen.

15. Schiffbrüchige, Verwundete oder Kranke, die mit Genehmigung der Ortsbehörde in einem neutralen Hafen ausgeschifft worden sind, sollen, sofern nicht zwischen dem neutralen Staate und den kriegführenden Staaten ein anderes vereinbart ist, durch den neutralen Staat derart bewacht werden, daß sie nicht wieder an den Kriegsunternehmungen teilnehmen können.

Die Kosten der Pflege und der Unterbringung sind von dem Staate zu tragen, dem die Schiffbrüchigen, Verwundeten oder Kranken angehören.

16. Nach jedem Kampfe sollen die beiden Kriegsparteien, soweit es die militärischen Zwecke gestatten, Vorkehrungen treffen, um die Schiffbrüchigen, Verwundeten und Kranken aufzusuchen und sie, ebenso wie die Gefallenen, gegen Beraubung und schlechte Behandlung zu schützen.

Sie sollen darüber wachen, daß der Beerdigung, Versenkung oder Verbrennung der Gefallenen eine sorgfältige Leichenschau vorangeht.

17. Jeder Kriegführende soll so bald als möglich die bei den Gefallenen aufgefundenen militärischen Erkennungsmarken und Beweisstücke der Identität sowie ein Namensverzeichnis der von ihm aufgenommenen Verwundeten oder Kranken deren Landesbehörden oder den Dienstbehörden ihrer Marine oder ihres Heeres übermitteln.

Die Kriegführenden sollen sich über die Unterbringung von Kranken und Verwundeten, die sich in ihrer Gewalt befinden, und den Wechsel in der Unterbringung sowie über ihre Aufnahme in die Lazarette und die vorkommenden Sterbefälle gegenseitig auf dem laufenden halten. Sie sollen alle zum persönlichen Gebrauche bestimmten Gegenstände, Wertsachen, Briefe usw., die auf den genommenen Schiffen gefunden oder von den in Hospitälern sterbenden Verwundeten oder Kranken hinterlassen werden, sammeln, um sie durch deren Landesbehörden den Berechtigten übermitteln zu lassen.

18. Die Bestimmungen dieses Abkommens finden nur zwischen den Vertragsmächten Anwendung und nur dann, wenn die Kriegführenden sämtlich Vertragsparteien sind.

19. Die Oberbefehlshaber der Flotten der Kriegführenden haben für die Einzelheiten der Ausführung der vorstehenden Artikel und für nicht vor-

gesehene Fälle gemäß den Weisungen ihrer Regierungen und im Sinne dieses Abkommens zu sorgen.

20. Die Mächte, die unterzeichnet haben, werden die erforderlichen Maßnahmen treffen, um die Bestimmungen dieses Abkommens ihren Marinen und besonders dem geschützten Personale bekanntzumachen und sie zur Kenntnis der Bevölkerung zu bringen.

21. Die Mächte, die unterzeichnet haben, verpflichten sich gleichermaßen, im Falle der Unzulänglichkeit ihrer Strafgesetze die erforderlichen Maßnahmen zu treffen oder ihren gesetzgebenden Körperschaften vorzuschlagen, um in Kriegszeiten die von einzelnen begangenen Handlungen der Beraubung und der schlechten Behandlung von Verwundeten und Kranken der Marinen mit Strafe zu belegen sowie um den unbefugten Gebrauch der im Artikel 5 vorgesehenen Abzeichen durch die von diesem Abkommen nicht geschützten Schiffe als Anmaßung militärischer Abzeichen zu bestrafen.

Sie werden sich durch Vermittelung der Niederländischen Regierung diese Strafbestimmungen spätestens in fünf Jahren nach der Ratifikation dieses Abkommens gegenseitig mitteilen.

22. Finden Kriegsunternehmungen zwischen Land- und Seestreitkräften der Kriegführenden statt, so sollen die Bestimmungen dieses Abkommens nur für die eingeschifften Streitkräfte Anwendung finden.

23. Dieses Abkommen soll möglichst bald ratifiziert werden.

Die Ratifikationsurkunden sollen im Haag hinterlegt werden.

Die erste Hinterlegung von Ratifikationsurkunden wird durch ein Protokoll festgestellt, das von den Vertretern der daran teilnehmenden Mächte und von dem Niederländischen Minister der auswärtigen Angelegenheiten unterzeichnet wird.

Die späteren Hinterlegungen von Ratifikationsurkunden erfolgen mittels einer schriftlichen, an die Regierung der Niederlande gerichteten Anzeige, der die Ratifikationsurkunde beizufügen ist.

Beglaubigte Abschrift des Protokolls über die erste Hinterlegung von Ratifikationsurkunden, der im vorstehenden Absatz erwähnten Anzeigen sowie der Ratifikationsurkunden wird durch die Regierung der Niederlande den zur Zweiten Friedenskonferenz eingeladenen Mächten sowie den anderen Mächten, die dem Abkommen beigetreten sind, auf diplomatischem Wege mitgeteilt werden. In den Fällen des vorstehenden Absatzes wird die bezeichnete Regierung ihnen zugleich bekanntgeben, an welchem Tage sie die Anzeige erhalten hat.

24. Die Mächte, die nicht unterzeichnet, aber das Genfer Abkommen vom 6. Juli 1906 angenommen haben, können dem vorliegenden Abkommen später beitreten.

Die Macht, die beizutreten wünscht, hat ihre Absicht der Regierung der Niederlande schriftlich anzuzeigen und ihr dabei die Beitrittsurkunde zu übersenden, die im Archive der bezeichneten Regierung hinterlegt werden wird.

Diese Regierung wird unverzüglich allen anderen Mächten beglaubigte Abschrift der Anzeige wie der Beitrittsurkunde übersenden und zugleich angeben, an welchem Tage sie die Anzeige erhalten hat.

25. Dieses Abkommen tritt nach seiner Ratifikation für die Beziehungen zwischen den Vertragsmächten an die Stelle des Abkommens vom 29. Juli 1899, betreffend die Anwendung der Grundsätze des Genfer Abkommens auf den Seekrieg.

Das Abkommen von 1899 bleibt in Kraft für die Beziehungen zwischen den Mächten, die es unterzeichnet haben, die aber das vorliegende Abkommen nicht gleichermaßen ratifizieren sollten.

26. Dieses Abkommen wird wirksam für die Mächte, die an der ersten Hinterlegung von Ratifikationsurkunden teilgenommen haben, sechzig Tage nach dem Tage, an dem das Protokoll über diese Hinterlegung aufgenommen ist, und für die später ratifizierenden oder beitretenden Mächte sechzig Tage, nachdem die Regierung der Niederlande die Anzeige von ihrer Ratifikation oder von ihrem Beitritt erhalten hat.

27. Sollte eine der Vertragsmächte dieses Abkommen kündigen wollen, so soll die Kündigung schriftlich der Regierung der Niederlande erklärt werden, die unverzüglich beglaubigte Abschrift der Erklärung allen anderen Mächten mitteilt und ihnen

zugleich bekanntgibt, an welchem Tage sie die Erklärung erhalten hat.

Die Kündigung soll nur in Ansehung der Macht wirksam sein, die sie erklärt hat, und erst ein Jahr, nachdem die Erklärung bei der Regierung der Niederlande eingegangen ist.

28. Ein im Niederländischen Ministerium der auswärtigen Angelegenheiten geführtes Register soll den Tag der gemäß Artikel 23 Abs. 3, 4 erfolgten Hinterlegung von Ratifikationsurkunden angeben sowie den Tag, an dem die Anzeigen von dem Beitritt (Artikel 24 Abs. 2) oder von der Kündigung (Artikel 27 Abs. 1) eingegangen sind.

Jede Vertragsmacht hat das Recht, von diesem Register Kenntnis zu nehmen und beglaubigte Auszüge daraus zu verlangen.

XI. Abkommen über gewisse Beschränkungen in der Ausübung des Beuterechts im Seekriege[1].

Vom 18. Oktober 1907 (RGBl. 1910, Nr. 2, S. 316).

I. Dieses Abkommen ist von 40 Mächten gezeichnet worden. Nicht unterzeichnet haben China, Montenegro, Nicaragua und Rußland.

II. Dieses Abkommen ist am 27. November 1909 von Deutschland, den Vereinigten Staaten von Amerika, Österreich-Ungarn, Dänemark, Großbritannien, Mexiko, den Niederlanden, Salvador und Schweden ratifiziert worden. Über die erste Hinterlegung von Ratifikationsurkunden ist am 27. November 1909 ein Protokoll aufgenommen worden.

III. Diesem Abkommen ist Nicaragua am 16. Dezember 1909 beigetreten.

Erstes Kapitel.

Briefpostsendungen.

1. Die auf See auf neutralen oder feindlichen Schiffen vorgefundenen Briefpostsendungen[2]) der

---

[1]) In den Eingangsworten dieses Abkommens ist u. a. erklärt, daß das Abkommen zum Schutze des friedlichen Handels und Verkehres geschlossen ist.

[2]) Nicht auch Pakete.

Neutralen oder der Kriegführenden, mögen sie amtlicher oder privater Natur sein, sind unverletzlich. Erfolgt die Beschlagnahme des Schiffes, so sind sie von dem Beschlagnehmenden möglichst unverzüglich weiterzubefördern.

Die Bestimmungen des vorstehenden Absatzes finden im Falle des Blockadebruchs keine Anwendung auf die Briefsendungen, die nach dem blockierten Hafen bestimmt sind oder von ihm kommen.

2. Die Unverletzlichkeit der Briefpostsendungen entzieht die neutralen Postdampfer nicht den Gesetzen und Gebräuchen des Seekriegs, welche die neutralen Kauffahrteischiffe im allgemeinen betreffen. Doch soll ihre Durchsuchung nur im Notfall unter möglichster Schonung und mit möglichster Beschleunigung vorgenommen werden.

Zweites Kapitel.

Befreiung gewisser Fahrzeuge von der Wegnahme.

3. Die ausschließlich der Küstenfischerei[1]) oder den Verrichtungen der kleinen Lokalschiffahrt dienenden Fahrzeuge sowie ihr Fischereigerät, ihre Takelage, ihr Schiffsgerät und ihre Ladung sind von der Wegnahme befreit.

Die Befreiung hört auf, sobald sie in irgendwelcher Art an den Feindseligkeiten teilnehmen.

---

[1]) Es muß im Einzelfalle bestimmt werden, welche Schiffe darunter zu verstehen sind.

Die Vertragsmächte versagen es sich, den harmlosen Charakter dieser Fahrzeuge auszunutzen, um sie unter Beibehaltung ihres friedlichen Aussehens zu militärischen Zwecken zu verwenden.

4. Von der Wegnahme sind gleichermaßen die Schiffe befreit, die mit religiösen, wissenschaftlichen oder menschenfreundlichen Aufgaben betraut sind[1]).

Drittes Kapitel.

Behandlung der Besatzung der von einem Kriegführenden weggenommenen feindlichen Kauffahrteischiffe.

5. Wird von einem Kriegführenden ein feindliches Kauffahrteischiff weggenommen, so wird dessen Mannschaft, soweit sie einem neutralen Staate angehört, nicht zu Kriegsgefangenen gemacht.

Das gleiche gilt von dem Kapitän und den Offizieren, die ebenfalls einem neutralen Staate angehören, wenn sie ein förmliches schriftliches Versprechen abgeben, während der Dauer des Krieges auf keinem feindlichen Schiffe[2]) Dienste zu nehmen.

6 Der Kapitän, die Offiziere und die Mitglieder der Mannschaft, die dem feindlichen Staate angehören, werden nicht zu Kriegsgefangenen gemacht, sofern sie sich unter Bekräftigung mit einem förm-

[1]) Daß sie ausschließlich diesen Aufgaben dienen, wird im Gegensatze zu Artikel 3 nicht verlangt.

[2]) Kriegs- oder Handelsschiffe.

lichen schriftlichen[1]) Versprechen verpflichten, während der Dauer der Feindseligkeiten keinen Dienst zu übernehmen, der mit den Kriegsunternehmungen im Zusammenhange steht[2]).

7. Die Namen der unter den Voraussetzungen des Artikel 5 Abs. 2 und des Artikel 6 freigelassenen Personen werden von der nehmenden Kriegsmacht der anderen Kriegsmacht mitgeteilt. Dieser ist es untersagt, solche Personen wissentlich zu verwenden.

8. Die Bestimmungen der drei vorstehenden Artikel finden keine Anwendung auf Schiffe, die an den Feindseligkeiten teilnehmen.

Viertes Kapitel.

Schlußbestimmungen.

9. Die Bestimmungen dieses Abkommens finden nur zwischen den Vertragsmächten Anwendung und nur dann, wenn die Kriegführenden sämtlich Vertragsparteien sind.

10—14 enthalten Ratifikationsbestimmungen usw., die mit denen der Artikel 3—7 des II. Abkommens übereinstimmen.

---

[1]) Falls ein Matrose nicht schreiben kann, wird seine Verpflichtung schriftlich vor Zeugen, die seiner Nationalität angehören, und in Anwesenheit des Kapitäns festgestellt.

[2]) Der Dienst auf feindlichen Handelsschiffen ist nicht verboten.

XII. Abkommen über die Errichtung eines Internationalen Prisenhofs[1].

I. Dieses Abkommen ist von 31 Staaten gezeichnet worden. Nicht unterzeichnet haben Brasilien, China, die Dominikanische Republik, England, Griechenland, Japan, Luxemburg, Montenegro, Nicaragua, Rumänien, Rußland, Serbien und Venezuela. Zu dem Artikel 15 haben folgende Staaten einen Vorbehalt erklärt: Chile, Kuba, Ekuador, Guatemala, Haiti, Persien, Salvador, Siam, Türkei und Uruguay.

II. Dieses Abkommen ist bisher nicht ratifiziert worden.

Erster Titel.

Allgemeine Bestimmungen.

1. Die Rechtmäßigkeit der Wegnahme eines Kauffahrteischiffes oder seiner Ladung ist, wenn es sich um neutrales oder feindliches Eigentum handelt, vor einer Prisengerichtsbarkeit nach Maßgabe dieses Abkommens darzutun.

---

[1]) Die Eingangsworte dieses Abkommens sagen u. a., daß die Mächte durch ein internationales Prisengericht nach Möglichkeit die Differenzen aus der Welt schaffen wollen, die infolge der Entscheidungen der nationalen Prisengerichte oftmals entstehen.

2. Die Prisengerichtsbarkeit wird zunächst durch die Prisengerichte der nehmenden Kriegsmacht ausgeübt.

Die Entscheidungen dieser Gerichte werden in öffentlicher Sitzung verkündet oder von Amts wegen den neutralen oder feindlichen Parteien zugestellt.

3. Die Entscheidungen der nationalen Prisengerichte können Gegenstand eines Rekurses an den Internationalen Prisenhof sein:

1. wenn die Entscheidung der nationalen Gerichte das Eigentum einer neutralen Macht oder Privatperson betrifft;
2. wenn diese Entscheidung feindliches Eigentum betrifft und es sich handelt
   a) um Güter, die auf einem neutralen Schiffe verfrachtet sind,
   b) um ein feindliches Schiff, das in den Küstengewässern einer neutralen Macht weggenommen worden ist, falls nicht diese Macht die Wegnahme zum Gegenstand einer diplomatischen Reklamation gemacht hat[1]),
   c) um einen Anspruch auf Grund der Behauptung, daß die Wegnahme unter Verletzung einer zwischen den kriegführenden Mächten geltenden Vertragsbestimmung

[1]) Vgl. Artikel 3 Abs. 2 des XIII. Abkommens.

oder einer von der nehmenden Kriegsmacht erlassenen Rechtsvorschrift bewirkt worden ist.

Der Rekurs gegen die Entscheidung der nationalen Gerichte kann darauf gestützt werden, daß die Entscheidung in tatsächlicher oder in rechtlicher Hinsicht unrichtig ist.

4. Der Rekurs kann eingelegt werden:

1. von einer neutralen Macht, wenn die Entscheidung der nationalen Gerichte ihr Eigentum oder das ihrer Angehörigen betroffen hat (Artikel 3 Nr. 1) oder wenn behauptet wird, daß die Wegnahme eines feindlichen Schiffes in den Küstengewässern dieser Macht erfolgt ist (Art. 3 Nr. 2b);
2. von einer neutralen Privatperson, wenn die Entscheidung der nationalen Gerichte ihr Eigentum betroffen hat (Artikel 3 Nr. 1), wobei jedoch der Macht, der die Privatperson angehört, das Recht vorbehalten bleibt, dieser die Anrufung des Prisenhofs zu untersagen oder dort selbst an ihrer Stelle aufzutreten;
3. von einer der feindlichen Macht angehörenden Privatperson[1]), wenn die Entscheidung der nationalen Gerichte ihr Eigentum betroffen hat und die Voraussetzungen der Fälle des

---

[1]) Ohne daß hier wie bei Nr. 2 der feindliche Staat die Anrufung des Prisenhofs untersagen darf.

Artikel 3 Nr. 2 mit Ausnahme des Falles unter b vorliegen.

5. Der Rekurs kann unter den im vorstehenden Artikel aufgeführten Bedingungen auch von solchen Beteiligten, ob neutral oder feindlich, eingelegt werden, die ein rechtliches Interesse an dem Obsiegen der zum Rekurse befugten Privatperson haben[1]) und ihr in dem Verfahren vor der nationalen Gerichtsbarkeit beigetreten waren. Diese Nebenbeteiligten können jeder für sich nach Maßgabe seines Interesses den Rekurs einlegen.

Das gleiche gilt für die neutralen oder feindlichen Nebenbeteiligten der neutralen Macht, deren Eigentum sich im Streite befindet.

6. Ist der Internationale Prisenhof gemäß Artikel 3 zuständig, so kann die Gerichtsbarkeit der nationalen Gerichte in höchstens zwei Instanzen[2]) ausgeübt werden. Die Gesetzgebung der nehmenden Kriegsmacht hat darüber zu entscheiden, ob der Rekurs nach der Entscheidung in erster Instanz oder erst nach der Entscheidung in der Berufungs- oder Revisionsinstanz zulässig ist.

Haben die nationalen Gerichte binnen zwei Jahren nach der Wegnahme keine endgültige Ent-

---

[1]) Also vor allem auch Versicherungsgesellschaften.

[2]) Der deutsche Antrag, es solle in diesem Falle nur eine nationale Instanz erlaubt sein, war nicht durchgedrungen.

scheidung gefällt, so kann der Prisenhof unmittelbar angerufen werden.

7. Ist die zu entscheidende Rechtsfrage vorgesehen in einem in Geltung befindlichen Abkommen zwischen der nehmenden Kriegsmacht und der Macht, die selbst oder von der ein Angehöriger Prozeßpartei ist, so richtet sich der Prisenhof nach den Bestimmungen dieses Abkommens.

In Ermangelung solcher Bestimmungen wendet der Prisenhof die Regeln des internationalen Rechtes an. Wenn allgemein anerkannte Regeln nicht bestehen, so entscheidet das Gericht nach den allgemeinen Grundsätzen der Gerechtigkeit und der Billigkeit[1]).

Die vorstehenden Bestimmungen finden auch Anwendung auf die Beweislast sowie auf die Rechtsbehelfe, die vorgebracht werden können.

Wenn der Rekurs gemäß Artikel 3 Nr. 2c auf Verletzung einer Rechtsvorschrift der nehmenden Kriegsmacht gestützt ist, so wendet der Prisenhof diese Vorschrift an.

Der Prisenhof kann prozessuale Rechtsnachteile, die in der Gesetzgebung der nehmenden Kriegsmacht vorgesehen sind, unbeachtet lassen, falls er der Ansicht ist, daß ihre Folgen der Gerechtigkeit und der Billigkeit widersprechen.

---

[1]) Vgl. die Einführungsworte der Londoner Seerechtsdeklaration.

8. Erklärt sich der Prisenhof für die Rechtmäßigkeit der Wegnahme von Schiff oder Ladung, so ist mit diesen nach den Gesetzen der nehmenden Kriegsmacht zu verfahren.

Wird die Wegnahme für nichtig erklärt, so ordnet der Prisenhof die Rückgabe von Schiff oder Ladung an und setzt gegebenenfalls die Höhe des zu leistenden Schadenersatzes fest. Wenn Schiff oder Ladung verkauft oder zerstört worden sind, so bestimmt der Prisenhof die dem Eigentümer dafür zu gewährende Entschädigung.

War die Wegnahme von der nationalen Gerichtsbarkeit für nichtig erklärt, so ist der Prisenhof nur zur Entscheidung über den Schadensersatz berufen.

9. Die Vertragsmächte übernehmen die Verpflichtung, sich den Entscheidungen des Internationalen Prisenhofs nach Treu und Glauben zu unterwerfen[1]) und ihnen in möglichst kurzer Frist nachzukommen.

Zweiter Titel.

Verfassung des Internationalen Prisenhofs.

10. Der Internationale Prisenhof besteht aus Richtern und Hilfsrichtern, die von den Vertragsmächten ernannt werden; sie müssen sämtlich Rechtsgelehrte von anerkannter Sachkunde in Fragen des

---

[1]) Vgl. Artikel 37 des I. Abkommens.

internationalen Seerechts sein und sich der höchsten sittlichen Achtung erfreuen[1]).

Die Ernennung der Richter und Hilfsrichter hat binnen sechs Monaten nach der Ratifikation dieses Abkommens zu erfolgen.

11[2]). Die Richter und Hilfsrichter werden für einen Zeitraum von sechs Jahren ernannt, gerechnet von dem Tage, wo der durch das Abkommen zur friedlichen Erledigung internationaler Streitfälle vom 29. Juli 1899 eingesetzte Verwaltungsrat von ihrer Ernennung Nachricht erhält. Ihre Wiederernennung ist zulässig.

Im Falle des Todes oder des Rücktrittes eines Richters oder Hilfsrichters erfolgt sein Ersatz in der für seine Ernennung vorgesehenen Weise. In diesem Falle geschieht die Ernennung für einen neuen Zeitraum von sechs Jahren.

12. Die Richter des Internationalen Prisenhofs stehen einander gleich; sie erhalten ihren Rang nach dem Tage, an dem die Nachricht von ihrer Ernennung eingegangen ist (Artikel 11 Abs. 1), und wenn sie der Reihe nach zu einem Sitze berufen sind (Artikel 15 Abs. 2), nach dem Tage des Eintrittes in ihre Amtstätigkeit. Ist der Tag derselbe, so gebührt der Vorrang dem der Geburt nach älteren.

---

1) Vgl. Artikel 44 des I. Abkommens.

2) Vgl. Artikel 44 des I. Abkommens.

Die Hilfsrichter sind bei der Ausübung ihres Amtes den Richtern selbst gleichgestellt. Doch haben sie ihren Rang hinter diesen.

13. Die Richter genießen während der Ausübung ihres Amtes und außerhalb ihres Heimatlandes die diplomatischen Vorrechte und Befreiungen [1]).

Die Richter haben, bevor sie ihren Sitz einnehmen, vor dem Verwaltungsrat einen Eid zu leisten oder eine feierliche Versicherung abzugeben, daß sie ihr Amt unparteiisch und auf das gewissenhafteste ausüben werden.

14. Der Prisenhof wird mit der Anzahl von fünfzehn Richtern besetzt; neun Richter genügen zur Beschlußfähigkeit.

Ein abwesender oder verhinderter Richter wird durch den Hilfsrichter vertreten.

15. Zu einem Sitze sind ständig berufen die Richter, die von den nachstehend bezeichneten Vertragsmächten ernannt sind: Deutschland, Vereinigte Staaten von Amerika, Österreich-Ungarn, Frankreich, Großbritannien, Italien, Japan und Rußland.

Die Richter und Hilfsrichter, die von den übrigen Vertragsmächten ernannt sind, sitzen der Reihe nach gemäß der diesem Abkommen beigefügten Liste; ihre Verrichtungen können nacheinander von der-

[1]) Vgl. Artikel 46 des I. Abkommens.

selben Person wahrgenommen werden. Derselbe Richter kann von mehreren dieser Mächte ernannt werden.

16. Hat eine kriegführende Macht nach Maßgabe der Reihenfolge keinen im Prisenhofe sitzenden Richter, so kann sie verlangen, daß der von ihr ernannte Richter an der Aburteilung aller aus dem Kriege herrührenden Sachen teilnimmt[1]). In diesem Falle entscheidet das Los, wer von den auf Grund der Reihenfolge sitzenden Richtern auszuscheiden hat. Dieser Ausschluß darf nicht den von dem anderen Kriegführenden ernannten Richter betreffen.

17. Ein Richter kann seinen Sitz nicht einnehmen, wenn er in irgend einer Eigenschaft bei der Entscheidung der nationalen Gerichte mitgewirkt hat oder als Rechtsbeistand oder Anwalt einer Partei an dem Verfahren beteiligt gewesen ist[2]).

Ein Richter oder Hilfsrichter darf während der ganzen Dauer seines Amtes weder als Agent noch als Anwalt vor dem Internationalen Prisenhof auftreten noch dort für eine Partei in irgendwelcher Eigenschaft tätig sein.

18. Die nehmende Kriegsmacht hat das Recht, einen höheren Marineoffizier zu bestellen, der als

---

[1]) Vgl. die zweite Anmerkung zu Artikel 45 des I. Abkommens.

[2]) Vgl. Artikel 62 des I. Abkommens. Man bedenke, daß es sich in dem einen Falle um einen wirklichen Gerichtshof handelt, in dem anderen nur um eine Liste.

Beisitzer mit beratender Stimme an den Sitzungen teilnimmt. Dasselbe Recht steht der neutralen Macht zu, die selbst Prozeßpartei ist, sowie der Macht, deren Angehöriger Prozeßpartei ist; wenn nach dieser letzten Bestimmung mehrere beteiligte Mächte vorhanden sind, so haben sie sich, nötigenfalls durch das Los, über den zu bestellenden Offizier zu verständigen.

19[1]. Der Prisenhof wählt seinen Präsidenten und seinen Vizepräsidenten nach der absoluten Mehrheit der abgegebenen Stimmen. Nach zwei Wahlgängen erfolgt die Wahl nach relativer Mehrheit; bei Stimmengleichheit entscheidet das Los.

20. Die Richter des Internationalen Prisenhofs erhalten eine Reisevergütung, die nach den Vorschriften ihres Heimatlandes zu bemessen ist; sie beziehen ferner während der Tagung oder während der Wahrnehmung einer ihnen vom Prisenhof übertragenen Verrichtung einen Betrag von täglich hundert niederländischen Gulden.

Diese Gebührnisse gehören zu den im Artikel 47 vorgesehenen allgemeinen Kosten des Prisenhofs und werden durch Vermittelung des durch das Abkommen vom 29. Juli 1899 errichteten Internationalen Bureaus ausgezahlt.

Die Richter dürfen als Mitglieder des Prisenhofs weder von ihrer eigenen Regierung noch von

---

[1]) Vgl. Artikel 45 des I. Abkommens.

der einer anderen Macht irgend eine Vergütung annehmen.

21. Der Internationale Prisenhof hat seinen Sitz im Haag [1]) und kann diesen, abgesehen von dem Falle höherer Gewalt, nur mit Zustimmung der kriegführenden Teile nach einem anderen Orte verlegen.

22. Der Verwaltungsrat versieht, unter ausschließlicher Mitwirkung der Vertreter der Vertragsmächte, in Ansehung des Internationalen Prisenhofs dieselben Verrichtungen, die er in Ansehung des Ständigen Schiedshofs versieht.

23. Das Internationale Bureau dient dem Internationalen Prisenhof als Gerichtsschreiberei und hat sein Geschäftslokal und seine Geschäftseinrichtung dem Prisenhofe zur Verfügung zu stellen. Es hat das Archiv unter seiner Obhut und besorgt alle Verwaltungsgeschäfte.

Der Generalsekretär des Internationalen Bureaus versieht die Verrichtungen eines Gerichtsschreibers.

Die dem Gerichtsschreiber beizugebenden Sekretäre sowie die erforderlichen Übersetzer und Stenographen werden vom Prisenhof ernannt und vereidigt.

24 [2]). Der Prisenhof entscheidet über die Wahl der Sprache, deren er sich bedienen wird, und der Sprachen, deren Gebrauch vor ihm gestattet sein soll.

---

[1]) Vgl. Artikel 60 des I. Abkommens.

[2]) Vgl. Anm. 3 zu Artikel 52 des I. Abkommens.

In jedem Falle kann die amtliche Sprache der nationalen Gerichte, die in der Sache erkannt haben, vor dem Prisenhofe gebraucht werden.

25[1]). Die beteiligten Mächte haben das Recht, besondere Agenten zu bestellen mit der Aufgabe, zwischen ihnen und dem Prisenhof als Mittelspersonen zu dienen. Sie sind außerdem berechtigt, mit der Wahrnehmung ihrer Rechte und Interessen Rechtsbeistände oder Anwälte zu betrauen.

26[2]). Die beteiligte Privatperson hat sich vor dem Prisenhofe durch einen Bevollmächtigten vertreten zu lassen; dieser muß entweder ein Advokat sein, der vor einem Berufungsgericht oder einem obersten Gericht eines der Vertragsländer aufzutreten befugt ist, oder ein Anwalt, der bei einem solchen Gerichte tätig ist, oder endlich ein Lehrer des Rechtes an einer Hochschule eines dieser Länder.

27[3]). Der Prisenhof kann sich zur Bewirkung aller Zustellungen, insbesondere an die Parteien, Zeugen und Sachverständigen, unmittelbar an die Regierung der Macht wenden, in deren Gebiete die Zustellung erfolgen soll. Das gleiche gilt, wenn es sich um die Herbeiführung irgend einer Beweisaufnahme handelt.

Die zu diesem Zwecke erlassenen Ersuchen sind nach Maßgabe derjenigen Mittel zu erledigen, über

---

[1]) Vgl. Artikel 62 des I. Abkommens.
[2]) Vgl. Artikel 62 des I. Abkommens.
[3]) Vgl. Artikel 24 und 76 des I. Abkommens.

welche die ersuchte Macht nach ihrer inneren Gesetzgebung verfügt. Sie können nur abgelehnt werden, wenn diese Macht sie für geeignet hält, ihre Hoheitsrechte oder ihre Sicherheit zu gefährden. Wird dem Ersuchen stattgegeben, so dürfen die Kosten nur die Auslagen begreifen, die durch die Erledigung wirklich entstanden sind.

Dem Prisenhofe steht gleicherweise frei, die Vermittelung der Macht in Anspruch zu nehmen, in deren Gebiet er seinen Sitz hat.

Die Zustellungen an die Parteien, die an dem Orte erfolgen sollen, wo der Prisenhof seinen Sitz hat, können durch das Internationale Bureau bewirkt werden.

Dritter Titel.

Verfahren vor dem Internationalen Prisenhofe.

28. Der Rekurs an den Internationalen Prisenhof wird mittels einer schriftlichen Erklärung eingelegt, die entweder bei dem nationalen Gerichte, das in der Sache erkannt hat, angebracht oder an das Internationale Bureau gerichtet werden muß; das Bureau kann auch telegraphisch angegangen werden.

Die Rekursfrist wird auf 120 Tage festgesetzt, gerechnet von dem Tage, an dem die Entscheidung verkündet oder zugestellt worden ist (Artikel 2 Abs. 2).

29. Ist die Rekurserklärung bei dem nationalen Gericht angebracht, so hat dieses, ohne zu prüfen, ob die Frist gewahrt ist, binnen der folgenden sieben

Tage die Prozeßakten an das Internationale Bureau abzusenden.

Ist die Rekurserklärung an das Internationale Bureau gerichtet, so benachrichtigt dieses das nationale Gericht unmittelbar, und zwar, wenn es möglich ist, telegraphisch. Das Gericht hat alsdann die Akten nach Maßgabe des vorstehenden Absatzes zu übersenden.

Ist der Rekurs von einer neutralen Privatperson eingelegt, so benachrichtigt das Internationale Bureau unmittelbar mittels Telegramms die Macht, der die Privatperson angehört, um dieser Macht zu ermöglichen, von dem ihr nach Artikel 4 Nr. 2 zustehenden Rechte Gebrauch zu machen.

30. In dem Falle des Artikel 6 Abs. 2 kann der Rekurs nur bei dem Internationalen Bureau angebracht werden. Die Einlegung muß binnen dreißig Tagen nach Ablauf der zweijährigen Frist erfolgen.

31. Ist die Berufung nicht innerhalb der im Artikel 28 oder im Artikel 30 vorgesehenen Frist eingelegt, so wird die Partei ohne Verhandlung abgewiesen.

Doch kann der Partei, wenn sie eine Behinderung durch höhere Gewalt nachweist und den Rekurs binnen sechzig Tagen nach Hebung dieser Behinderung eingelegt hat, die Wiedereinsetzung in den vorigen Stand erteilt werden, die Gegenpartei ist vorher gebührend zu hören.

32. Ist der Rekurs rechtzeitig eingelegt, so stellt der Prisenhof unverzüglich der Gegenpartei eine beglaubigte Abschrift der Erklärung von Amts wegen zu.

33. Wenn außer den Parteien, die sich an den Prisenhof gewandt haben, andere zur Einlegung des Rekurses Berechtigte vorhanden sind oder wenn in dem Falle des Artikel 29 Abs. 3 die benachrichtigte Macht ihre Entschließung nicht kundgegeben hat, so wartet der Prisenhof mit der Aufnahme der Sache bis zum Ablaufe der im Artikel 28 oder der im Artikel 30 vorgesehenen Frist.

34 [1]. Das Verfahren vor dem Internationalen Prisenhofe zerfällt in zwei gesonderte Abschnitte: das schriftliche Vorverfahren und die mündliche Verhandlung.

Das schriftliche Vorverfahren besteht in der Niederlegung und in dem Wechsel von Schriftsätzen, Gegenschriftsätzen und etwa weiter erforderlichen Rückäußerungen, wofür die Reihenfolge und die Fristen von dem Prisenhofe bestimmt werden. Die Parteien fügen alle Aktenstücke und Urkunden bei, deren sie sich bedienen wollen.

Jedes von einer Partei vorgelegte Schriftstück ist der anderen Partei durch Vermittelung des Prisenhofs in beglaubigter Abschrift mitzuteilen.

---

[1]) Vgl. zu diesem und den folgenden Artikeln den Artikel 63ff. des I. Abkommens.

35. Nach Beendigung des schriftlichen Vorverfahrens findet eine öffentliche Sitzung statt, deren Tag von dem Prisenhofe bestimmt wird.

In dieser Sitzung legen die Parteien den Stand der Sache in tatsächlicher und rechtlicher Beziehung dar.

Der Prisenhof kann in jeder Lage des Verfahrens auf Antrag einer Partei oder von Amts wegen die Vorträge unterbrechen, um eine Ergänzung der Beweisaufnahme herbeizuführen.

36. Der Internationale Prisenhof kann anordnen, daß die ergänzende Beweisaufnahme entweder nach den Bestimmungen des Artikel 27 oder, sofern dies ohne Anwendung von Zwang oder Strafe möglich ist, vor ihm selbst oder vor einem oder mehreren seiner Mitglieder stattfindet.

Wenn zum Zwecke einer Beweisaufnahme Handlungen von Mitgliedern des Prisenhofs außerhalb des Landes, wo er seinen Sitz hat, vorgenommen werden sollen, so muß die Zustimmung der fremden Regierung eingeholt werden.

37. Die Parteien werden zu allen Prozeßverhandlungen geladen. Sie erhalten beglaubigte Abschrift der Protokolle.

38. Die Verhandlung wird von dem Präsidenten oder Vizepräsidenten und im Falle der Abwesenheit oder Verhinderung beider von dem im Range ältesten der anwesenden Richter geleitet.

Der von einer Kriegspartei ernannte Richter kann nicht Vorsitzender sein.

39. Die Verhandlung ist öffentlich; doch hat jede an dem Rechtsstreite beteiligte Macht das Recht, den Ausschluß der Öffentlichkeit zu verlangen.

Über die Verhandlung wird ein Protokoll aufgenommen, das von dem Vorsitzenden und dem Gerichtsschreiber unterzeichnet wird und das allein öffentliche Beweiskraft hat.

40. Ist eine Partei trotz ordnungsmäßiger Ladung nicht erschienen oder versäumt sie die von dem Prisenhofe festgesetzten Fristen, so wird ohne sie verfahren und entscheidet der Prisenhof unter Berücksichtigung des ihm zur Verfügung stehenden Materials.

41. Der Prisenhof stellt den Parteien von Amts wegen alle Entscheidungen und Beschlüsse zu, die in ihrer Abwesenheit ergangen sind.

42. Der Prisenhof hat den Inbegriff des Akteninhalts, der Beweise und der mündlichen Erklärungen frei zu würdigen.

43. Die Beratung des Prisenhofs erfolgt nicht öffentlich und bleibt geheim.

Jede Entscheidung ergeht nach der Mehrheit der anwesenden Richter. Wenn sich bei einer geraden Zahl von Richtern Stimmengleichheit ergibt, so wird die Stimme des nach Artikel 12 Abs. 1 im Range jüngsten Richters nicht mitgezählt.

44. Das Urteil des Prisenhofs ist mit Gründen zu versehen. Es enthält die Namen der Richter, die daran teilgenommen haben, sowie gegebenenfalls

die Namen der Beisitzer; es wird von dem Vorsitzenden und dem Gerichtsschreiber unterzeichnet.

45. Das Urteil wird in öffentlicher Sitzung in Gegenwart oder nach gehöriger Ladung der Parteien verkündet; es wird den Parteien von Amts wegen zugestellt.

Nach Bewirkung dieser Zustellung hat der Prisenhof dem nationalen Prisengerichte die Prozeßakten unter Beifügung einer Ausfertigung aller ergangenen Entscheidungen sowie einer Abschrift der Verhandlungsprotokolle zu übersenden.

46. Jede Partei trägt die Kosten der eigenen Verteidigung.

Die unterliegende Partei trägt außerdem die Kosten des Verfahrens. Sie hat ferner eins vom Hundert des Wertes des Streitgegenstandes als Beitrag zu den allgemeinen Kosten des Internationalen Prisenhofs zu zahlen. Der Betrag dieser Zahlungen wird in dem Urteile des Prisenhofs bestimmt.

Ist der Rekurs von einer Privatperson eingelegt, so hat diese bei dem Internationalen Bureau für die Erfüllung der sie nach dem vorstehenden Absatz etwa treffenden beiden Verpflichtungen eine Sicherheit zu bestellen, deren Betrag von dem Prisenhofe festzusetzen ist. Der Prisenhof kann die Eröffnung des Verfahrens von der Leistung dieser Sicherheit abhängig machen.

47. Die allgemeinen Kosten des Internationalen Prisenhofs werden von den Vertragsmächten getragen, und zwar nach Verhältnis ihrer Beteiligung an der Tätigkeit des Prisenhofs, wie solche im Artikel 15 und in der ihm beigefügten Liste vorgesehen ist. Die Bestellung von Hilfsrichtern gibt keinen Anlaß zur Beitragsleistung.

Der Verwaltungsrat wendet sich an die Mächte, um die für die Tätigkeit des Prisenhofs erforderlichen Beträge zu erhalten.

48. Ist der Prisenhof nicht versammelt, so werden die ihm durch Artikel 32, Artikel 34 Abs. 2, 3, Artikel 35 Abs. 1, Artikel 46 Abs. 3 übertragenen Verrichtungen durch eine Delegation von drei Richtern wahrgenommen, die von dem Prisenhofe bestimmt werden. Die Delegation entscheidet nach Stimmenmehrheit.

49. Der Prisenhof stellt selbst seine Geschäftsordnung fest, die den Vertragsmächten mitzuteilen ist.

Binnen einem Jahre von der Ratifikation dieses Abkommens an wird er zur Ausarbeitung der Geschäftsordnung zusammentreten.

50. Der Prisenhof kann Abänderungen der das Verfahren betreffenden Bestimmungen dieses Abkommens vorschlagen. Diese Vorschläge werden durch Vermittelung der Regierung der Niederlande den Vertragsmächten mitgeteilt, die sich über die ihnen zu gebende Folge verständigen werden.

Vierter Titel.

Schlußbestimmungen.

51. Dieses Abkommen findet ohne weiteres nur dann Anwendung, wenn die kriegführenden Mächte sämtlich Vertragsparteien sind.

Es versteht sich überdies, daß der Rekurs an den Internationalen Prisenhof nur von einer Vertragsmacht oder dem Angehörigen einer Vertragsmacht eingelegt werden kann.

In den Fällen des Artikel 5 ist der Rekurs nur zulässig, wenn gleichermaßen der Eigentümer wie der Nebenbeteiligte Vertragsmächte oder Angehörige von Vertragsmächten sind.

52. Dieses Abkommen soll ratifiziert und die Ratifikationsurkunden sollen im Haag hinterlegt werden, sobald sämtliche im Artikel 15 und in dessen Anlage aufgeführten Mächte hierzu in der Lage sind.

Immerhin hat die Hinterlegung der Ratifikationsurkunden am 30. Juni 1909 stattzufinden, wenn alsdann die zur Ratifizierung bereiten Mächte dem Prisenhofe neun Richter und neun Hilfsrichter, wie sie zu dessen wirksamer Besetzung geeignet sind, stellen können. Anderenfalls wird die Hinterlegung bis zur Erfüllung dieser Bedingung vertagt.

Über die Hinterlegung der Ratifikationsurkunden soll ein Protokoll aufgenommen werden; von diesem soll beglaubigte Abschrift allen im Abs. 1 bezeichneten Mächten auf diplomatischem Wege mitgeteilt werden.

53. Die im Artikel 15 und in dessen Anlage bezeichneten Mächte sollen zur Zeichnung dieses Abkommens bis zu der im Abs. 2 des vorstehenden Artikels vorgesehenen Hinterlegung der Ratifikationsurkunden zugelassen werden.

Nach dieser Hinterlegung soll ihnen der vorbehaltlose Beitritt zu dem Abkommen stets freistehen. Die Macht, welche beizutreten wünscht, hat ihre Absicht der Regierung der Niederlande schriftlich anzuzeigen und ihr dabei die Beitrittsurkunde zu übersenden, die im Archive der genannten Regierung zu hinterlegen ist. Diese wird auf diplomatischem Wege beglaubigte Abschrift der Anzeige und der Beitrittsurkunde allen im Abs. 1 bezeichneten Mächten übersenden und ihnen zugleich bekanntgeben, an welchem Tage sie die Anzeige erhalten hat.

54. Dieses Abkommen tritt sechs Monate nach der im Artikel 52 Abs. 1, 2 vorgesehenen Hinterlegung der Ratifikationsurkunden in Kraft.

Ein Beitritt wird wirksam sechzig Tage, nachdem die Anzeige davon bei der Regierung der Niederlande eingegangen ist, frühestens aber nach Ablauf der im vorstehenden Absatze vorgesehenen Frist.

Der Internationale Prisenhof ist jedoch zur Aburteilung solcher Prisensachen zuständig, die von der nationalen Gerichtsbarkeit nach Hinterlegung der Ratifikationsurkunden oder nach Eingang der Anzeige vom Beitritt entschieden worden sind. Für diese Entscheidungen wird die im Artikel 28 Abs. 2 bestimmte Frist erst von dem Tage an gerechnet, an dem das Abkommen für die ratifizierenden oder beitretenden Mächte in Kraft getreten ist.

55. Dieses Abkommen gilt für die Dauer von zwölf Jahren, gerechnet von seiner Inkraftsetzung, wie sie im Artikel 54 Abs. 1 vorgesehen ist, und zwar auch für diejenigen Mächte, die später beigetreten sind.

In Ermangelung einer Kündigung gilt das Abkommen als stillschweigend von sechs zu sechs Jahren erneuert.

Die Kündigung muß wenigstens ein Jahr vor dem Ablaufe der in den beiden vorstehenden Absätzen vorgesehenen Zeiträume der Regierung der Niederlande schriftlich erklärt werden, die hiervon allen anderen Vertragsparteien Kenntnis geben wird.

Die Kündigung soll nur in Ansehung der Macht wirksam sein, die sie erklärt hat. Für die übrigen Vertragsmächte bleibt das Abkommen bestehen, vorausgesetzt, daß ihre Beteiligung an der Bestellung der Richter genügt, um die Tätigkeit des

Gerichts mit neun Richtern und neun Hilfsrichtern zu ermöglichen.

56. Falls dieses Abkommen nicht für alle Mächte Geltung hat, die im Artikel 15 und in der dazugehörigen Liste aufgeführt sind, stellt der Verwaltungsrat gemäß den Bestimmungen dieses Artikels und dieser Liste das Verzeichnis der Richter und Hilfsrichter auf, mit denen die Vertragsmächte an der Tätigkeit des Prisenhofs teilnehmen. Die Richter, die der Reihe nach zu sitzen berufen sind, werden alsdann für die ihnen nach der vorstehend erwähnten Liste zukommende Zeit auf die verschiedenen Jahre des sechsjährigen Zeitraums derart verteilt, daß der Prisenhof soweit wie möglich in jedem Jahre mit gleicher Anzahl besetzt ist. Überschreitet die Zahl der Hilfsrichter diejenige der Richter, so ist die Zahl der letzteren durch das Los aus den Hilfsrichtern der Mächte zu ergänzen, die keinen Richter ernennen.

Das hiernach vom Verwaltungsrat aufgestellte Verzeichnis soll den Vertragsmächten mitgeteilt werden. Es soll einer Durchsicht unterzogen werden, wenn sich die Zahl der Vertragsmächte durch einen Beitritt oder eine Kündigung ändert.

Die durch einen Beitritt bedingte Änderung soll mit dem 1. Januar nach dem Tage, an dem der Beitritt wirksam wird, in Kraft treten, es sei denn, daß die beitretende Macht eine kriegführende Macht ist; in diesem Falle kann sie beanspruchen, sofort im Prisenhofe vertreten zu sein, wobei im übrigen die Bestimmung des Artikel 16 gegebenenfalls Anwendung findet.

Wenn die Gesamtzahl der Richter weniger als elf beträgt, so genügen sieben Richter zur Beschlußfähigkeit.

57. Zwei Jahre vor Ablauf eines jeden der im Artikel 55 Abs. 1, 2 vorgesehenen Zeiträume kann jede Vertragsmacht eine Abänderung der Bestimmungen des Artikel 15 und der ihr beigefügten Liste in Ansehung ihrer Beteiligung an der Tätigkeit des Prisenhofs beantragen. Dieser Antrag ist an den Verwaltungsrat zu richten, der ihn prüfen und allen Mächten Vorschläge über die ihm zu gebende Folge unterbreiten wird. Die Mächte werden ihre Entschließung in möglichst kurzer Frist dem Verwaltungsrate bekanntgeben. Das Ergebnis soll unverzüglich und wenigstens ein Jahr und dreißig Tage vor Ablauf der erwähnten zweijährigen Frist der Macht, welche den Antrag gestellt hat, mitgeteilt werden.

Zutreffendenfalls treten die von den Mächten angenommenen Abänderungen mit dem Beginne des neuen Zeitraums in Kraft.

Anlage zum Artikel 15.

Länderweise Verteilung der Richter und Hilfsrichter auf die einzelnen Jahre des sechsjährigen Zeitraums.

	Richter	Hilfsrichter
	Erstes Jahr.	
1	Argentinien	Paraguay
2	Kolumbien	Bolivien
3	Spanien	Spanien
4	Griechenland	Rumänien
5	Norwegen	Schweden
6	Niederlande	Belgien
7	Türkei	Persien
	Zweites Jahr.	
1	Argentinien	Panama
2	Spanien	Spanien
3	Griechenland	Rumänien
4	Norwegen	Schweden
5	Niederlande	Belgien
6	Türkei	Luxemburg
7	Uruguay	Kostarika

	Richter	Hilfsrichter
	Drittes Jahr.	
1	Brasilien	Domingo
2	China	Türkei
3	Spanien	Portugal
4	Niederlande	Schweiz
5	Rumänien	Griechenland
6	Schweden	Dänemark
7	Venezuela	Haiti
	Viertes Jahr.	
1	Brasilien	Guatemala
2	China	Türkei
3	Spanien	Portugal
4	Peru	Honduras
5	Rumänien	Griechenland
6	Schweden	Dänemark
7	Schweiz	Niederlande
	Fünftes Jahr.	
1	Belgien	Niederlande
2	Bulgarien	Montenegro
3	Chile	Nicaragua
4	Dänemark	Norwegen
5	Mexiko	Kuba
6	Persien	China
7	Portugal	Spanien

	Richter	Schiedsrichter
	Sechstes Jahr.	
1	Belgien	Niederlande
2	Chile	Salvador
3	Dänemark	Norwegen
4	Mexiko	Ekuador
5	Portugal	Spanien
6	Serbien	Bulgarien
7	Siam	China

XIII. Abkommen, betreffend die Rechte und Pflichten der Neutralen im Falle eines Seekriegs[1].

Vom 18. Oktober 1907 (RGBl. 1910, Nr. 2, S. 343).

I. Dieses Abkommen ist von 39 Staaten gezeichnet worden. Nicht unterzeichnet haben die Vereinigten Staaten von Amerika, China, Kuba, Spanien, Nicaragua. Vorbehalte haben erklärt:

1. Deutschland, betreffend Artikel 11, 12, 13, 20.
2. Die Dominikanische Republik, betreffend Artikel 12.
3. England, betreffend Artikel 19, 23.
4. Japan, betreffend Artikel 19, 23.
5. Persien, betreffend Artikel 12, 19, 21.
6. Siam, betreffend Artikel 12, 19, 23.
7. Türkei, betreffend Artikel 10: Die Zugänge der Dardanellen und des Bosporus dürfen keinesfalls unter dem Artikel 10 einbegriffen sein.

II. Dieses Abkommen ist am 27. November 1909 von Deutschland, Österreich-Ungarn, Dänemark, Mexiko, den Niederlanden, Rußland, Salvador und Schweden ratifiziert worden. Über die erste Hinterlegung der Ratifikationsurkunden ist am 27. November 1909 ein Protokoll aufgenommen worden. Der von Deutschland bei der Unterzeichnung des Abkommens gemachte Vorbehalt ist

---

[1]) In den Einleitungsworten dieses Abkommens ist u. a. hervorgehoben, daß in den in diesem Abkommen nicht vorgesehenen Fällen die allgemeinen Grundsätze des Völkerrechts zu berücksichtigen sind.

in der Ratifikationsurkunde ausdrücklich aufrechterhalten worden.

III. Diesem Abkommen sind Nicaragua am 16. Dezember 1909 und die Vereinigten Staaten von Amerika am 3. Dezember 1909 beigetreten, die letzteren mit folgenden zwei von dem Senate der Vereinigten Staaten am 17. April 1908 beschlossenen Vorbehalten: „Die Vereinigten Staaten treten dem Abkommen bei, unter Vorbehalt und Ausschluß des Artikel 23 und indem sie die letzte Bestimmung des Artikel 3 des Abkommens dahin verstehen, daß diese für die neutrale Macht die Verpflichtung in sich schließt, das dort erwähnte Verlangen der Freigabe eines Schiffes zu stellen, das innerhalb des neutralen Hoheitsgebietes weggenommen ist und sich nicht mehr in diesem Hoheitsgebiete befindet." Diesem Abkommen ist ferner am 15. Januar 1910 China unter Vorbehalt der Artikel 14 Abs. 2, 19 Abs. 3 und 27 beigetreten.

1. Die Kriegführenden sind verpflichtet, die Hoheitsrechte der neutralen Mächte zu achten und sich in deren Gebiet und Gewässern[1]) jeder Handlung zu enthalten, welche auf seiten der Mächte, die sie dulden, eine Verletzung ihrer Neutralität darstellen würde.

2. Alle von Kriegsschiffen der Kriegführenden innerhalb der Küstengewässer einer neutralen Macht begangenen Feindseligkeiten, mit Einschluß der Wegnahme und der Ausübung des Durchsuchungsrechts, stellen eine Neutralitätsverletzung dar und sind unbedingt untersagt.

---

[1]) Welche Gewässer als neutral anzusehen sind, ist nach wie vor streitig.

3. Ist ein Schiff innerhalb der Küstengewässer einer neutralen Macht weggenommen worden, so hat diese Macht, sofern sich die Prise noch in ihrem Hoheitsbereiche befindet, die ihr zur Verfügung stehenden Mittel anzuwenden, um die Befreiung der Prise mit ihren Offizieren und ihrer Mannschaft herbeizuführen und die von dem Wegnehmenden auf die Prise gelegte Besatzung bei sich festzuhalten.

Befindet sich die Prise außerhalb des Hoheitsbereichs der neutralen Macht, so hat auf Verlangen dieser Macht die nehmende Regierung die Prise mit ihren Offizieren und ihrer Mannschaft freizugeben [1]).

4. Von einem Kriegführenden darf auf neutralem Gebiet oder auf einem Schiffe in neutralen Gewässern kein Prisengericht gebildet werden.

5. Den Kriegführenden ist es untersagt, neutrale Häfen oder Gewässer zu einem Stützpunkte für Seekriegsunternehmungen gegen ihre Gegner zu machen, insbesondere dort funkentelegraphische Stationen oder sonst irgendeine Anlage einzurichten, die bestimmt ist, einen Verkehr mit den kriegführenden Land- oder Seestreitkräften zu vermitteln.

6. Die von einer neutralen Macht an eine kriegführende Macht aus irgendwelchem Grunde unmittelbar oder mittelbar bewirkte Abgabe von

---

[1]) Vgl. Artikel 3 Nr. 2b des XII. Abkommens.

Kriegsschiffen, Munition oder sonstigem Kriegsmaterial ist untersagt.

7. Eine neutrale Macht ist nicht verpflichtet, die für Rechnung des einen oder des anderen Kriegführenden erfolgende Ausfuhr oder Durchfuhr von Waffen, von Munition sowie überhaupt von allem, was einem Heere oder einer Flotte von Nutzen sein kann, zu verhindern.

8. Eine neutrale Regierung ist verpflichtet, die ihr zur Verfügung stehenden Mittel anzuwenden, um in ihrem Hoheitsbereiche die Ausrüstung oder Bewaffnung jedes Schiffes zu verhindern, bei dem sie triftige Gründe für die Annahme hat, daß es zum Kreuzen oder zur Teilnahme an feindlichen Unternehmungen gegen eine Macht, mit der sie im Frieden lebt, bestimmt ist. Sie ist ferner verpflichtet, dieselbe Überwachung auszuüben, um zu verhindern, daß aus ihrem Hoheitsbereich irgendein zum Kreuzen oder zur Teilnahme an feindlichen Unternehmungen bestimmtes Schiff ausläuft, das innerhalb ihres Hoheitsbereichs ganz oder teilweise zum Kriegsgebrauche hergerichtet worden ist.

9. Eine neutrale Macht muß die Bedingungen, Beschränkungen oder Verbote, die sie für die Zulassung von Kriegsschiffen oder Prisen der Kriegführenden in ihre Häfen, Reeden oder Küstengewässer aufgestellt hat, auf beide Kriegführende gleichmäßig anwenden.

Doch kann eine neutrale Macht den Zutritt zu ihren Häfen und ihren Reeden einem Kriegsschiffe untersagen, das sich den von ihr ergangenen Aufforderungen und Anweisungen nicht gefügt oder die Neutralität verletzt hat.

10. Die Neutralität einer Macht wird durch die bloße Durchfahrt der Kriegsschiffe und Prisen der Kriegführenden durch ihre Küstengewässer nicht beeinträchtigt[1]).

11. Eine neutrale Macht darf zulassen, daß die Kriegsschiffe der Kriegführenden sich ihrer bestallten Lotsen bedienen.

12. Sofern die Gesetzgebung der neutralen Macht nicht anderweitige besondere Bestimmungen enthält, ist es den Kriegsschiffen der Kriegführenden, abgesehen von den in diesem Abkommen vorgesehenen Fällen, untersagt, sich innerhalb der Häfen, Reeden oder Küstengewässer einer solchen Macht länger als vierundzwanzig Stunden aufzuhalten.

13. Erfährt eine Macht, die vom Beginne der Feindseligkeiten benachrichtigt ist, daß sich innerhalb ihrer Häfen, Reeden oder Küstengewässer ein Kriegsschiff eines Kriegführenden aufhält, so hat sie das Schiff aufzufordern, binnen vierundzwanzig

---

[1]) Wohl aber steht es den neutralen Staaten frei, den Kriegführenden die Durchfahrt durch die neutralen Gewässer zu untersagen.

Stunden oder in der durch das Ortsgesetz vorgeschriebenen Frist auszulaufen.

14. Kriegsschiffe von Kriegführenden dürfen ihren Aufenthalt in einem neutralen Hafen über die gesetzliche Dauer hinaus nur aus Anlaß von Beschädigungen oder wegen des Zustandes der See verlängern. Sie müssen auslaufen, sobald die Ursache der Verzögerung fortgefallen ist.

Die Regeln über die Beschränkung des Aufenthalts innerhalb neutraler Häfen, Reeden und Gewässer gelten nicht für Kriegsschiffe, die ausschließlich religiösen, wissenschaftlichen oder menschenfreundlichen Aufgaben dienen[1]).

15. Sofern die Gesetzgebung der neutralen Macht nicht anderweitige besondere Bestimmungen enthält, dürfen sich höchstens drei Kriegsschiffe eines Kriegführenden zu gleicher Zeit innerhalb eines ihrer Häfen oder einer ihrer Reeden befinden.

16. Befinden sich innerhalb eines neutralen Hafens oder einer neutralen Reede gleichzeitig Kriegsschiffe beider Kriegführenden, so müssen zwischen dem Auslaufen von Schiffen des einen und des anderen Kriegführenden mindestens vierundzwanzig Stunden verflossen sein.

Die Reihenfolge des Auslaufens bestimmt sich nach der Reihenfolge der Ankunft, es sei denn,

---

[1]) Vgl. Art. 4 des XI. Abkommens.

daß sich das zuerst angekommene Schiff in einer Lage befindet, wo die Verlängerung der gesetzlichen Aufenthaltsdauer zugelassen ist.

Kriegsschiffe von Kriegführenden dürfen einen neutralen Hafen oder eine neutrale Reede nicht früher als vierundzwanzig Stunden nach dem Auslaufen eines die Flagge ihres Gegners führenden Kauffahrteischiffes verlassen.

17. Innerhalb neutraler Häfen und Reeden dürfen die Kriegsschiffe von Kriegführenden ihre Schäden nur in dem für die Sicherheit ihrer Schiffahrt unerläßlichen Maße ausbessern, nicht aber in irgendwelcher Weise ihre militärische Kraft erhöhen. Die neutrale Behörde hat die Art der vorzunehmenden Ausbesserungen festzustellen, die so schnell wie möglich auszuführen sind.

18. Die Kriegsschiffe von Kriegführenden dürfen die neutralen Häfen, Reeden und Küstengewässer nicht benutzen, um ihre militärischen Vorräte oder ihre Armierung zu erneuern oder zu verstärken, sowie um ihre Besatzung zu ergänzen.

19. Die Kriegsschiffe von Kriegführenden dürfen innerhalb neutraler Häfen und Reeden nur so viel Lebensmittel einnehmen, um ihren Vorrat auf den regelmäßigen Friedensbestand zu ergänzen.

Ebenso dürfen diese Schiffe nur so viel Feuerungsmaterial einnehmen, um den nächsten Hafen ihres Heimatlandes zu erreichen. Sie können übrigens das zur vollständigen Füllung ihrer eigentlichen

Kohlenbunker erforderliche Feuerungsmaterial einnehmen, wenn sie sich in neutralen Ländern befinden, die diese Art der Bemessung des zu liefernden Feuerungsmaterials angenommen haben.

Wenn die Schiffe nach den Gesetzen der neutralen Macht erst vierundzwanzig Stunden nach ihrer Ankunft Kohlen erhalten, so verlängert sich für sie die gesetzliche Aufenthaltsdauer um vierundzwanzig Stunden.

20. Die Kriegsschiffe von Kriegführenden, die in dem Hafen einer neutralen Macht Feuerungsmaterial eingenommen haben, dürfen ihren Vorrat in einem Hafen derselben Macht erst nach drei Monaten erneuern.

21. Eine Prise darf nur wegen Seeuntüchtigkeit, wegen ungünstiger See sowie wegen Mangels an Feuerungsmaterial oder an Vorräten in einen neutralen Hafen gebracht werden.

Sie muß wieder auslaufen, sobald die Ursache, die das Einlaufen rechtfertigte, weggefallen ist. Tut sie dies nicht, so muß ihr die neutrale Macht eine Aufforderung zum sofortigen Auslaufen zukommen lassen; sollte sie dieser nicht nachkommen, so muß die neutrale Macht die ihr zur Verfügung stehenden Mittel anwenden, um die Befreiung der Prise mit ihren Offizieren und ihrer Mannschaft herbeizuführen sowie um die von dem Wegnehmenden auf die Prise gelegte Besatzung bei sich festzuhalten.

22. Die neutrale Macht muß ebenso die Befreiung solcher Prisen herbeiführen, die bei ihr eingebracht worden sind, ohne daß die im Artikel 21 vorgesehenen Voraussetzungen vorliegen.

23[1]). Eine neutrale Macht kann Prisen, sei es mit, sei es ohne Begleitung, den Zutritt zu ihren Häfen und Reeden gestatten, wenn sie dorthin gebracht werden, um bis zur Entscheidung des Prisengerichts in Verwahrung gehalten zu werden. Sie kann die Prise in einen anderen ihrer Häfen führen lassen.

Wenn die Prise von einem Kriegsschiffe begleitet wird, so sind die von dem Wegnehmenden auf die Prise gelegten Offiziere und Mannschaften befugt, sich auf das begleitende Schiff zu begeben.

Fährt die Prise allein, so ist die von dem Wegnehmenden auf die Prise gelegte Besatzung in Freiheit zu lassen.

24. Wenn Kriegsschiffe von Kriegführenden einen Hafen, wo sie zu bleiben nicht berechtigt sind, trotz der Aufforderung der neutralen Behörde nicht verlassen, so hat die neutrale Macht das Recht, die ihr erforderlich scheinenden Maßnahmen zu treffen, um ein solches Schiff unfähig zu machen, während der Dauer des Krieges in See zu gehen; der Befehlshaber des Schiffes soll die Ausführung dieser Maßnahmen erleichtern.

---

[1]) Dieser Artikel will vor allem die Zerstörung der Prisen möglichst verhindern.

Werden Kriegsschiffe von Kriegführenden durch eine neutrale Macht festgehalten, so werden die Offiziere und die Mannschaft gleichfalls festgehalten.

Die so festgehaltenen Offiziere und Mannschaften können auf dem Schiffe gelassen oder auf einem anderen Schiffe oder an Land untergebracht werden; sie können beschränkenden Maßregeln, deren Auferlegung nötig erscheint, unterworfen werden. Doch sind auf dem Schiffe immer die zu seiner Instandhaltung notwendigen Leute zu belassen.

Die Offiziere können freigelassen werden, wenn sie sich durch Ehrenwort verpflichten, das neutrale Gebiet nicht ohne Erlaubnis zu verlassen.

25. Eine neutrale Macht ist verpflichtet, nach Maßgabe der ihr zur Verfügung stehenden Mittel die erforderliche Aufsicht auszuüben, um innerhalb ihrer Häfen, Reeden und Gewässer jede Verletzung der vorstehenden Bestimmungen zu verhindern.

26. Die Ausübung der in diesem Abkommen festgestellten Rechte durch eine neutrale Macht darf niemals von dem einen oder dem anderen Kriegführenden, der die in Betracht kommenden Artikel angenommen hat, als unfreundliche Handlung angesehen werden.

27. Die Vertragsmächte werden einander zu gegebener Zeit alle Gesetze, Verordnungen und sonstigen Bestimmungen über die Behandlung der Kriegsschiffe von Kriegführenden in ihren Häfen und ihren Gewässern mitteilen, und zwar mittels

einer an die Regierung der Niederlande gerichteten Benachrichtigung, die von dieser unverzüglich allen anderen Vertragsmächten übermittelt wird.

28. Die Bestimmungen dieses Abkommens finden nur zwischen den Vertragsmächten Anwendung und nur dann, wenn die Kriegführenden sämtlich Vertragsparteien sind.

29—33 enthalten Ratifikationsbestimmungen usw., die mit denen der Artikel 3—7 des II. Abkommens übereinstimmen.

XIV. Anlage zu dem von der Zweiten Friedenskonferenz geäußerten ersten Wunsche.

Entwurf eines Abkommens über die Errichtung eines Schiedsgerichtshofs.

Erster Titel.

Verfassung des Schiedsgerichtshofs.

1. Um die Sache der Schiedssprechung zu fördern, kommen die Vertragsmächte überein, ohne Beeinträchtigung des Ständigen Schiedshofs einen Schiedsgerichtshof einzurichten, zu dem der Zugang frei und leicht ist, der sich zusammensetzt aus Richtern, welche die verschiedenen Rechtssysteme der Welt vertreten, und der imstande ist, die

Stetigkeit der schiedsgerichtlichen Rechtsprechung sicherzustellen.

2. Der Schiedsgerichtshof besteht aus Richtern und Hilfsrichtern; sie sind zu wählen aus Personen, die sich der höchsten sittlichen Achtung erfreuen, und die sämtlich entweder die in ihrem Heimatlande für die Zulassung zu einem höchsten Richteramt erforderlichen Bedingungen erfüllen oder Rechtsgelehrte von anerkannter Sachkunde in Fragen des Völkerrechts sein müssen.

Die Richter und Hilfsrichter des Gerichtshofs werden so weit wie möglich aus den Mitgliedern des Ständigen Schiedshofs gewählt. Die Wahl hat binnen sechs Monaten nach der Ratifikation dieses Abkommens zu erfolgen.

3. Die Richter und Hilfsrichter werden für einen Zeitraum von zwölf Jahren ernannt, gerechnet von dem Tage, an dem die Ernennung dem durch das Abkommen zur friedlichen Erledigung internationaler Streitfälle eingesetzten Verwaltungsrat angezeigt wird. Ihre Wiederernennung ist zulässig.

Im Falle des Todes oder des Rücktritts eines Richters oder Hilfsrichters erfolgt sein Ersatz in der für seine Ernennung vorgesehenen Weise. In diesem Falle geschieht die Ernennung für einen neuen Zeitraum von zwölf Jahren.

4. Die Richter des Schiedsgerichtshofs stehen einander gleich; sie erhalten ihren Rang nach dem Tage der Anzeige ihrer Ernennung. Ist der Tag

derselbe, so gebührt der Vorrang dem der Geburt nach älteren.

Die Hilfsrichter sind bei der Ausübung ihres Amtes den Richtern selbst gleichgestellt. Doch haben sie ihren Rang hinter diesen.

5. Die Richter genießen während der Ausübung ihres Amtes und außerhalb ihres Heimatlandes die diplomatischen Vorrechte und Befreiungen.

Die Richter und Hilfsrichter haben, bevor sie ihren Sitz einnehmen, vor dem Verwaltungsrat einen Eid zu leisten oder eine feierliche Versicherung abzugeben, daß sie ihr Amt unparteiisch und auf das gewissenhafteste ausüben werden.

6. Der Gerichtshof bestellt jährlich drei Richter, die eine besondere Delegation bilden, und drei andere, die im Falle der Verhinderung zu ihrer Vertretung bestimmt sind. Ihre Wiederwahl ist zulässig. Die Wahl erfolgt durch Listenabstimmung. Als gewählt gelten diejenigen, welche die größte Stimmenzahl auf sich vereinigen. Die Delegation wählt selbst ihren Vorsitzenden; falls keine Mehrheit zustande kommt, wird er durch das Los bestimmt.

Ein Mitglied der Delegation kann sein Amt nicht ausüben, wenn die Macht, die es ernannt hat oder der es angehört, eine der Parteien ist.

Die Mitglieder der Delegation führen die ihnen übertragenen Sachen zu Ende, auch wenn der Zeitraum, für den sie zu Richtern ernannt worden sind, abgelaufen ist.

7. Die Ausübung des Richteramts ist einem Richter in den Sachen untersagt, in denen er in irgend einer Eigenschaft bei der Entscheidung eines nationalen Gerichts, eines Schiedsgerichts oder einer Untersuchungskommission mitgewirkt hat oder als Rechtsbeistand oder Anwalt einer Partei an dem Verfahren beteiligt gewesen ist.

Ein Richter darf während der ganzen Dauer seines Amtes weder als Agent noch als Anwalt vor dem Schiedsgerichtshof oder dem Ständigen Schiedshofe, vor einem besonderen Schiedsgericht oder einer Untersuchungskommission auftreten noch dort für eine Partei in irgendwelcher Eigenschaft tätig sein.

8. Der Gerichtshof wählt seinen Präsidenten und seinen Vizepräsidenten nach der absoluten Mehrheit der abgegebenen Stimmen. Nach zwei Wahlgängen erfolgt die Wahl nach relativer Mehrheit; bei Stimmengleichheit entscheidet das Los.

9. Die Richter des Schiedsgerichtshofs erhalten eine jährliche Entschädigung von sechstausend niederländischen Gulden. Diese Entschädigung ist am Schlusse jedes Halbjahrs, gerechnet von dem Tage des ersten Zusammentritts des Gerichtshofs, zu zahlen.

Während der Ausübung ihres Amtes beziehen sie im Laufe der Tagungen oder in den von diesem Abkommen vorgesehenen besonderen Fällen einen Betrag von täglich hundert Gulden. Außerdem erhalten sie eine Reisevergütung, die nach den Vorschriften ihres Heimatlandes zu bemessen ist. Die Bestimmungen dieses Absatzes gelten auch für die Hilfsrichter, wenn sie einen Richter vertreten.

Diese Gebührnisse gehören zu den im Artikel 31 vorgesehenen allgemeinen Kosten des Gerichtshofs und werden durch Vermittelung des durch das Abkommen zur friedlichen Erledigung internationaler Streitfälle errichteten Internationalen Bureaus ausgezahlt.

10. Die Richter dürfen weder von ihrer eigenen Regierung noch von der einer anderen Macht irgendeine Vergütung für Dienste annehmen, die zu ihren Pflichten als Mitglieder des Gerichtshofs gehören.

11. Der Schiedsgerichtshof hat seinen Sitz im Haag und kann diesen, abgesehen von dem Falle höherer Gewalt, nicht nach einem anderen Orte verlegen.

Die Delegation kann mit Zustimmung der Parteien einen anderen Ort für ihre Sitzungen wählen, falls besondere Umstände es erfordern.

12. Der Verwaltungsrat versieht in Ansehung des Schiedsgerichtshofs dieselben Verrichtungen, die er in Ansehung des Ständigen Schiedshofs versieht.

13. Das Internationale Bureau dient dem Schiedsgerichtshof als Gerichtsschreiberei und hat sein Geschäftslokal und seine Geschäftseinrichtung dem Schiedsgerichtshofe zur Verfügung zu stellen. Es hat das Archiv unter seiner Obhut und besorgt alle Verwaltungsgeschäfte.

Der Generalsekretär des Internationalen Bureaus versieht die Verrichtungen eines Gerichtsschreibers.

Die dem Gerichtsschreiber beizugebenden Sekretäre sowie die erforderlichen Übersetzer und Stenographen werden vom Schiedsgerichtshof ernannt und vereidigt.

14. Der Gerichtshof tritt einmal im Jahre zu einer Tagung zusammen. Die Tagung beginnt am dritten Mittwoch im Juni und dauert bis zur Erledigung der Tagesordnung.

Der Gerichtshof tritt nicht zur Tagung zusammen, wenn nach dem Dafürhalten der Delegation ein solcher Zusammentritt nicht notwendig ist. Ist jedoch eine Macht als Partei an einem vor dem Schiedsgerichtshof anhängigen Rechtsstreite beteiligt, dessen Vorverfahren beendigt ist oder seinem Ende entgegengeht, so hat sie das Recht, zu verlangen, daß die Tagung stattfindet.

Nötigenfalls kann die Delegation den Gerichtshof zu einer außerordentlichen Tagung einberufen.

15. Über die Arbeiten des Gerichtshofs wird in jedem Jahre von der Delegation ein Bericht

abgefaßt. Dieser Bericht wird den Vertragsmächten durch Vermittelung des Internationalen Bureaus übersandt. Er ist ferner allen Richtern und Hilfsrichtern des Gerichtshofs mitzuteilen.

16. Die Mitglieder des Schiedsgerichtshofs, Richter wie Hilfsrichter, können auch zu der Tätigkeit als Richter und Hilfsrichter beim Internationalen Prisenhofe berufen werden.

Zweiter Titel.

Zuständigkeit und Verfahren.

17. Der Schiedsgerichtshof ist zuständig für alle Sachen, die auf Grund einer allgemeinen Schiedsabrede oder einer besonderen Vereinbarung vor ihn gebracht werden.

18. Die Delegation ist zuständig:

1. für die Entscheidung der im vorstehenden Artikel bezeichneten Schiedsfälle, wenn die Parteien darin einig sind, die Anwendung des abgekürzten Verfahrens, wie es im Titel IV Kapitel 4 des Abkommens zur friedlichen Erledigung internationaler Streitfälle geregelt ist, zu verlangen;
2. für die Vornahme einer Untersuchung auf Grund und in Gemäßheit des dritten Titels des bezeichneten Abkommens, sofern die Delegation von den Parteien gemeinschaftlich hiermit betraut wird. Mit Zustimmung

der Parteien dürfen in Abweichung vom Artikel 7 Abs. 1 die Mitglieder der Delegation, die an der Untersuchung teilgenommen haben, als Richter tätig sein, wenn die Streitigkeit der Schiedssprechung des Schiedsgerichtshofes oder der Delegation selbst unterbreitet wird.

19. Die Delegation ist ferner zuständig für die Feststellung des im Artikel 52 des Abkommens zur friedlichen Erledigung internationaler Streitfälle vorgesehenen Schiedsvertrags, wenn die Parteien darin einig sind, ihr diese zu überlassen.

Sie ist ferner auf Antrag auch nur einer der Parteien zuständig, wenn zuvor eine Verständigung auf diplomatischem Wege vergeblich versucht worden ist und es sich handelt

1. um einen Streitfall, der unter ein nach dem Inkrafttreten dieses Abkommens abgeschlossenes oder erneuertes allgemeines Schiedsabkommen fällt, sofern letzteres für jeden einzelnen Streitfall einen Schiedsvertrag vorsieht und dessen Feststellung der Zuständigkeit der Delegation weder ausdrücklich noch stillschweigend entzieht. Doch ist, wenn die Gegenpartei erklärt, daß nach ihrer Auffassung der Streitfall nicht zu den der obligatorischen Schiedssprechung unterliegenden Fragen gehört, die Anrufung des Gerichtshofs nicht zulässig, es sei denn, daß

das Schiedsabkommen dem Schiedsgerichte die Befugnis zur Entscheidung dieser Vorfrage überträgt;

2. um einen Streitfall, der aus den bei einer Macht von einer anderen Macht für deren Angehörige eingeforderten Vertragsschulden herrührt und für dessen Beilegung das Anerbieten schiedsrichterlicher Erledigung angenommen worden ist. Diese Bestimmung findet keine Anwendung, wenn die Annahme unter der Bedingung erfolgt ist, daß der Schiedsvertrag auf einem anderen Wege festgestellt werden soll.

20. Jede Partei hat das Recht, einen Richter des Gerichtshofs zu bestellen, um mit beschließender Stimme an der Prüfung der der Delegation unterbreiteten Sache teilzunehmen.

Dieser Auftrag kann, wenn die Delegation als Untersuchungskommission tätig ist, auch Personen übertragen werden, die nicht aus den Richtern des Gerichtshofs genommen sind. Die diesen Personen zu gewährenden Reisekosten und Bezüge werden von den Mächten, die sie ernannt haben, festgesetzt und getragen.

21. Der Zugang zu dem durch dieses Abkommen eingerichteten Schiedsgerichtshofe steht nur den Vertragsmächten offen.

22. Der Schiedsgerichtshof befolgt die in dem Abkommen zur friedlichen Erledigung internationaler Streitfälle aufgestellten Regeln über das Verfahren, soweit nicht das vorliegende Abkommen ein anderes bestimmt.

23. Der Gerichtshof entscheidet über die Wahl der Sprache, deren er sich bedienen wird, und der Sprachen, deren Gebrauch vor ihm gestattet sein soll.

24. Das Internationale Bureau dient als Vermittler für alle Mitteilungen, die an die Richter im Laufe des im Artikel 63 Abs. 2 des Abkommens zur friedlichen Erledigung internationaler Streitfälle vorgesehenen Vorverfahrens zu machen sind.

25. Der Gerichtshof kann sich zur Bewirkung aller Zustellungen, insbesondere an die Parteien, Zeugen und Sachverständigen, unmittelbar an die Regierung der Macht wenden, in deren Gebiete die Zustellung erfolgen soll. Das gleiche gilt, wenn es sich um die Herbeiführung irgendeiner Beweisaufnahme handelt.

Die zu diesem Zwecke erlassenen Ersuchen können nur abgelehnt werden, wenn die ersuchte Macht sie für geeignet hält, ihre Hoheitsrechte oder ihre Sicherheit zu gefährden. Wird dem Ersuchen stattgegeben, so dürfen die Kosten nur die Auslagen begreifen, die durch die Erledigung wirklich entstanden sind.

Dem Gerichtshofe steht gleichfalls frei, die Vermittelung der Macht in Anspruch zu nehmen, in deren Gebiet er seinen Sitz hat.

Die Zustellungen an die Parteien, die an dem Orte erfolgen sollen, wo der Gerichtshof seinen Sitz hat, können durch das Internationale Bureau bewirkt werden.

26. Die Verhandlung wird von dem Präsidenten oder dem Vizepräsidenten und im Falle der Abwesenheit oder Verhinderung beider von dem im Range ältesten der anwesenden Richter geleitet.

Der von einer der Parteien ernannte Richter kann nicht Vorsitzender sein.

27. Die Beratung des Gerichtshofs erfolgt nicht öffentlich und bleibt geheim.

Jede Entscheidung ergeht nach der Mehrheit der anwesenden Richter. Wenn sich bei einer geraden Zahl von Richtern Stimmengleichheit ergibt, so wird die Stimme des nach Artikel 4 Abs. 1 im Range jüngsten Richters nicht mitgezählt.

28. Die Urteile des Gerichtshofs sind mit Gründen zu versehen. Sie enthalten die Namen der Richter, die daran teilgenommen haben; sie werden von dem Vorsitzenden und dem Gerichtsschreiber unterzeichnet.

29. Jede Partei trägt ihre eigenen Kosten selbst und die besonderen Kosten des Verfahrens zu gleichem Anteile.

30. Die Bestimmungen der Artikel 21 bis 29 finden auf das Verfahren vor der Delegation entsprechende Anwendung.

Wenn das Recht, der Delegation ein Mitglied beizugeben, nur von der einen Partei ausgeübt worden ist, so wird die Stimme des beigegebenen Mitglieds bei Stimmengleichheit nicht mitgezählt.

31. Die allgemeinen Kosten des Gerichtshofs werden von den Vertragsmächten getragen.

Der Verwaltungsrat wendet sich an die Mächte, um die für die Tätigkeit des Gerichtshofs erforderlichen Beträge zu erhalten.

32. Der Gerichtshof stellt selbst seine Geschäftsordnung auf, die den Vertragsmächten mitzuteilen ist.

Nach der Ratifikation dieses Abkommens wird der Gerichtshof möglichst bald zusammentreten, um die Geschäftsordnung auszuarbeiten, den Präsidenten und den Vizepräsidenten zu wählen sowie die Mitglieder der Delegation zu bestellen.

33. Der Gerichtshof kann Abänderungen der das Verfahren betreffenden Bestimmungen dieses Abkommens vorschlagen. Diese Vorschläge werden durch Vermittelung der Regierung der Niederlande den Vertragsmächten mitgeteilt, die sich über die ihnen zu gebende Folge verständigen werden.

Dritter Titel.

Schlußbestimmungen.

34. Dieses Abkommen soll möglichst bald ratifiziert werden.

Die Ratifikationsurkunden sollen im Haag hinterlegt werden.

Über die Hinterlegung einer jeden Ratifikationsurkunde soll ein Protokoll aufgenommen werden; von diesem soll beglaubigte Abschrift allen Signatarmächten auf diplomatischem Wege mitgeteilt werden.

35. Dieses Abkommen tritt sechs Monate nach der Ratifikation in Kraft.

Es hat eine Dauer von zwölf Jahren und gilt in Ermangelung einer Kündigung als stillschweigend von zwölf zu zwölf Jahren erneuert.

Die Kündigung muß wenigstens zwei Jahre vor dem Ablauf eines jeden Zeitraums der Regierung der Niederlande erklärt werden, die hiervon den anderen Mächten Kenntnis geben wird.

Die Kündigung soll nur in Ansehung der Macht wirksam sein, die sie erklärt hat. Für die Beziehungen zwischen den übrigen Vertragsmächten bleibt das Abkommen in Kraft.

XV. Die Londoner Erklärung über das Seekriegsrecht[1].

Einleitende Bestimmung.

Die Signatarmächte sind einig in der Feststellung, daß die in den folgenden Kapiteln enthaltenen Regeln im wesentlichen den allgemein anerkannten Grundsätzen des internationalen Rechtes entsprechen.

Erstes Kapitel.

Die Blockade in Kriegszeiten.

1. Die Blockade muß auf die feindlichen oder vom Feinde besetzten Häfen und Küsten beschränkt werden[2].

2. Entsprechend der Pariser Deklaration von 1856 muß die Blockade, um rechtlich wirksam zu sein, tatsächlich wirksam sein, das heißt, durch eine

---

[1]) In den Einführungsworten dieses Abkommens ist u. a. darauf hingewiesen, daß die Mächte feststellen wollten, welchen Inhalt die allgemein anerkannten Regeln des internationalen Rechts im Sinne des Artikel 7 des Abkommens über den internationalen Prisenhof haben.

[2]) Vgl. hierzu Artikel 18.

Streitmacht aufrechterhalten werden, welche hinreicht, um den Zugang zur feindlichen Küste in Wirklichkeit zu verhindern.

3. Die Frage, ob die Blockade tatsächlich wirksam ist, bildet eine Tatfrage[1]).

4. Die Blockade gilt nicht als aufgehoben, wenn sich die blockierenden Streitkräfte infolge schlechten Wetters zeitweise entfernt haben[2]).

5. Die Blockade muß den verschiedenen Flaggen gegenüber unparteiisch gehandhabt werden.

6. Der Befehlshaber der blockierenden Streitmacht kann Kriegsschiffen die Erlaubnis erteilen, den blockierten Hafen anzulaufen und ihn später wieder zu verlassen[3]).

7. Ein neutrales Schiff kann im Falle der von einer Befehlsstelle der blockierenden Streitkräfte festgestellten[4]) Seenot in die blockierte Örtlichkeit einlaufen und diese später unter der Voraussetzung wieder verlassen, daß es dort keinerlei Ladung gelöscht oder eingenommen hat.

---

[1]) Worüber ev. das nationale bzw. das internationale Prisengericht entscheidet.

[2]) Wohl aber gilt die Blockade als aufgehoben, wenn sich die Streitkräfte aus irgendeinem anderen Grunde entfernen. Soll die Blockade dann wieder aufgenommen werden, so finden Artikel 12 und Artikel 13 Anwendung.

[3]) Ohne daß damit die Wirksamkeit der Blockade aufhört.

[4]) Ist die Seenot festgestellt, so darf dem neutralen Schiff das Einlaufen nicht verweigert werden.

8. Um rechtlich wirksam zu sein, muß die Blockade gemäß Artikel 9 erklärt und gemäß Artikel 11, 16 bekanntgegeben werden.

9. Die Blockadeerklärung[1]) wird entweder von der blockierenden Macht oder von den in ihrem Namen handelnden Befehlsstellen der Marine erlassen.

Sie bestimmt:

1. den Tag des Beginns der Blockade;
2. die geographischen Grenzen der blockierten Küstenstrecke;
3. die Frist[2]), die den neutralen Schiffen zum Auslaufen gewährt werden muß[3]).

10. Wenn die blockierende Macht oder die in ihrem Namen handelnden Befehlsstellen der Marine die Angaben nicht einhalten, die sie zufolge Artikel 9 Nr. 1, 2[4]) in die Blockadeerklärung aufzunehmen hatten, so ist diese Erklärung nichtig[5]), und ist eine

---

[1]) Diese ist der Akt der zuständigen Stelle, der feststellt, daß die Blockade verhängt worden ist oder verhängt werden wird.

[2]) Eine angemessene Frist.

[3]) Beachte: muß; vgl. Artikel 1 des Abkommens über die Behandlung der feindlichen Kauffahrteischiffe beim Ausbruche der Feindseligkeiten.

[4]) Die Folgen der mangelhaften Bestimmung gemäß Artikel 9 Nr. 3 ergibt sich aus Artikel 16 Abs. 2.

[5]) Beachte: die Erklärung ist ihrem ganzen Umfange nach nichtig.

neue Erklärung notwendig, damit die Blockade Rechtswirksamkeit erlangt.

11. Die Blockadeerklärung wird bekanntgegeben:

1. den neutralen Mächten durch die blockierende Macht mittels einer Mitteilung, die an die Regierungen selbst oder an deren bei ihr beglaubigte Vertreter zu richten ist;
2. den örtlich zuständigen Behörden durch den Befehlshaber der blockierenden Streitmacht. Diese Behörden sollen davon ihrerseits möglichst bald die fremden Konsuln benachrichtigen, die ihre Amtstätigkeit in dem blockierten Hafen oder auf der blockierten Küstenstrecke ausüben.

12. Die Regeln über die Erklärung und die Bekanntgabe der Blockade[1]) finden gleichfalls Anwendung, wenn die Blockade ausgedehnt oder nach ihrer Aufhebung wieder aufgenommen werden soll.

13. Die freiwillige[2]) Aufhebung sowie jede etwa erfolgende Einschränkung der Blockade muß auf die im Artikel 11 vorgeschriebene Art bekanntgegeben werden[3]).

---

[1]) Also Artikel 9 bis Artikel 11.

[2]) Nicht etwa auch bei gewaltsamer Aufhebung durch den Gegner.

[3]) Eine Sühne für einen Verstoß, wie ihn Artikel 10 für die nicht richtige Bekanntgabe der Blockade festsetzt, gibt es hier nicht.

14. Die Zulässigkeit der Beschlagnahme eines neutralen Schiffes wegen Blockadebruchs ist bedingt durch die wirkliche oder vermutete Kenntnis der Blockade.

15. Die Kenntnis der Blockade wird bis zum Beweise des Gegenteils[1]) vermutet, wenn das Schiff einen neutralen Hafen nach Ablauf angemessener Zeit seit Bekanntgabe der Blockade an die diesen Hafen innehabende Macht verlassen hat.

16. Wenn ein Schiff, das sich dem blockierten Hafen nähert, von dem Bestehen der Blockade keine Kenntnis erlangt hat, auch diese Kenntnis nicht vermutet werden kann, so muß die Bekanntgabe[2]) an das Schiff selbst durch einen Offizier eines der Schiffe der blockierenden Streitmacht erfolgen. Diese Bekanntgabe muß in das Schiffstagebuch eingetragen werden unter Angabe des Tages und der Stunde sowie des derzeitigen Schiffsorts.

Einem neutralen Schiffe, das aus dem blockierten Hafen ausläuft, muß freie Durchfahrt gestattet werden, wenn infolge einer Versäumnis des Befehlshabers[3]) der blockierenden Streitmacht die Blockadeerklärung den örtlich zuständigen Behörden nicht bekanntgegeben oder in der bekanntgegebenen Erklärung eine Frist nicht bestimmt war.

---

[1]) Den das beschuldigte Schiff zu führen hat.

[2]) Sogenannte besondere Bekanntgabe.

[3]) Nicht infolge des bösen Willens der örtlich zuständigen Behörden.

17. Die Beschlagnahme neutraler Schiffe wegen Blockadebruchs darf nur innerhalb des Aktionsbereichs[1]) der Kriegsschiffe stattfinden, die beauftragt sind, die tatsächliche Wirksamkeit der Blockade sicherzustellen.

18. Die blockierenden Streitkräfte dürfen den Zugang zu neutralen Häfen und Küsten nicht versperren[2]).

19. Ein die Beschlagnahme des Schiffes rechtfertigender Blockadebruch ist nicht als vorliegend anzunehmen, wenn sich das Schiff derzeit auf der Fahrt nach einem nicht blockierten Hafen befindet, wie auch immer die spätere Bestimmung von Schiff oder Ladung sein mag[3]).

20. Ein Schiff, das unter Blockadebruch den blockierten Hafen verlassen oder anzulaufen versucht hat, bleibt der Beschlagnahme ausgesetzt, solange es durch ein Kriegsschiff der blockierenden Streitmacht verfolgt wird. Ist die Verfolgung aufgegeben[4]) oder die Blockade aufgehoben, so kann seine Beschlagnahme nicht mehr bewirkt werden.

21. Ein des Blockadebruchs schuldig befundenes Schiff wird eingezogen. Die Ladung wird gleichfalls

---

[1]) Der nur nach den Umständen des einzelnen Falles bestimmt werden kann.

[2]) Vgl. Artikel 1.

[3]) Dadurch ist die Lehre von der voyage continu für die Blockade ausgeschlossen.

[4]) Ob dies geschehen, ist eine Tatfrage.

eingezogen, sofern nicht nachgewiesen wird, daß der Befrachter zur Zeit der Verladung der Ware die Absicht des Blockadebruchs weder gekannt hat noch kennen konnte.

Zweites Kapitel.

Kriegskonterbande.

22. Als Kriegskonterbande werden ohne weiteres [1]) die nachstehenden, unter der Bezeichnung absolute Konterbande begriffenen Gegenstände und Stoffe angesehen:

1. Waffen jeder Art, mit Einschluß der Jagdwaffen, und ihre als solche kenntlichen Bestandteile;
2. Geschosse, Kartuschen und Patronen jeder Art sowie ihre als solche kenntlichen Bestandteile;
3. Schießpulver und Sprengstoffe, die besonders für den Krieg bestimmt sind;
4. Lafetten, Munitionswagen, Protzen, Proviantwagen, Feldschmieden und ihre als solche kenntlichen Bestandteile;
5. militärische als solche kenntliche Kleidungs- und Ausrüstungsstücke;
6. militärisches als solches kenntliches Geschirr jeder Art;

---

[1]) „Ohne weiteres“ soll besagen: Diese Gegenstände werden schon durch die bloße Tatsache des Kriegsbeginns ohne eine besondere Erklärung der Kriegführenden Konterbande.

7. für den Krieg benutzbare Reit-, Zug- und Lasttiere;
8. Lagergerät und seine als solche kenntlichen Bestandteile;
9. Panzerplatten;
10. Kriegsschiffe und sonstige Kriegsfahrzeuge, sowie solche Bestandteile, die nach ihrer besonderen Beschaffenheit nur auf einem Kriegsfahrzeuge benutzt werden können;
11. Werkzeuge und Vorrichtungen, die ausschließlich zur Anfertigung von Kriegsmaterial oder zur Anfertigung und Ausbesserung von Waffen und von Landkriegs- oder Seekriegsmaterial hergestellt sind.

23. Gegenstände und Stoffe, die ausschließlich für den Krieg verwendet werden[1]), können in die Liste der absoluten Kriegskonterbande mittels einer Erklärung, die bekanntzugeben ist, aufgenommen werden.

Die Bekanntgabe wird an die Regierungen der anderen Mächte oder an deren bei der erklärenden Macht beglaubigten Vertreter gerichtet. Eine Bekanntgabe, die nach Beginn der Feindseligkeiten stattfindet, wird nur an die neutralen Mächte gerichtet.

---

[1]) Ob dies der Fall ist, würde ev. der internationale Prisenhof entscheiden.

24. Als Kriegskonterbande werden ohne weiteres[1]) folgende für kriegerische wie für friedliche Zwecke verwendbare, unter der Bezeichnung relative Konterbande[2]) begriffene Gegenstände und Stoffe angesehen:

1. Lebensmittel[3]);
2. Furage und zur Viehfütterung geeignete Körnerfrüchte;
3. für militärische Zwecke geeignete Kleidungsstücke, Kleidungsstoffe und Schuhwerk;
4. Gold und Silber, geprägt und in Barren, sowie Papiergeld[4]);
5. für den Krieg verwendbare Fuhrwerke jeder Art und ihre Bestandteile;
6. Schiffe, Boote und Fahrzeuge jeder Art, Schwimmdocks und Vorrichtungen für Trockendocks sowie ihre Bestandteile[5]);

---

[1]) Vgl. die Anmerkung zu Artikel 22.

[2]) Relative Konterbande liegt jedoch nur vor, wenn die Gegenstände die im Artikel 33 bezeichnete Bestimmung haben.

[3]) Hierunter sind die zur menschlichen Ernährung notwendigen oder nützlichen Erzeugnisse fester oder flüssiger Art zu verstehen.

[4]) Nur eigentliches Papiergeld sowie Banknoten mit oder ohne Zwangskurs; Wechsel und Schecks gehören nicht dazu.

[5]) Hierunter sollen auch Maschinen und Dampfkessel fallen.

7. festes[1]) oder rollendes[2]) Eisenbahnmaterial Telegraphen-, Funkentelegraphen- und Telephonmaterial;
8. Luftschiffe und Flugmaschinen, ihre als solche kenntlichen Bestandteile sowie Zubehörstücke, Gegenstände und Stoffe, die erkennbar zur Luftschiffahrt oder zu Flugzwecken dienen sollen;
9. Feuerungsmaterial und Schmierstoffe;
10. Schießpulver und Sprengstoffe, die nicht besonders für den Krieg bestimmt sind;
11. Stacheldraht sowie die zu dessen Befestigung und Zerschneidung dienenden Werkzeuge;
12. Hufeisen und Hufschmiedegerät;
13. Geschirr und Sattelzeug;
14. Doppelgläser, Fernrohre, Chronometer und nautische Instrumente aller Art.

25. Gegenstände und Stoffe, die für kriegerische wie für friedliche Zwecke verwendbar und nicht schon in den Artikeln 22, 24 aufgeführt sind, können mittels einer Erklärung, die in der im Artikel 23 Abs. 2 vorgesehenen Weise bekanntzugeben ist, in die Liste der relativen Konterbande aufgenommen werden.

26. Verzichtet eine Macht ihrerseits darauf, Gegenstände und Stoffe, die zu einer der in den

---

[1]) Z. B. Schienen, Schwellen, Drehscheiben, zum Brückenbau bestimmte Teile.

[2]) Z. B. Lokomotiven, Wagen.

Artikeln 22, 24 aufgezählten Gruppen gehören, als Kriegskonterbande zu betrachten, so hat sie ihre Absicht durch eine Erklärung kundzugeben, die in der im Artikel 23 Abs. 2 vorgesehenen Weise bekanntgemacht wird.

27. Gegenstände und Stoffe, die für kriegerische Zwecke nicht verwendbar sind, können nicht als Kriegskonterbande erklärt werden.

28[1]. Als Kriegskonterbande können die nachstehenden Gegenstände nicht erklärt werden:

1. Rohbaumwolle, Rohwolle, Rohseide, rohe Jute, roher Flachs, roher Hanf und andere Rohstoffe der Textilindustrie sowie die daraus gesponnenen Garne;
2. ölhaltige Nüsse und Sämereien, Kopra;
3. Kautschuk, Harz, Gummi und Lack, Hopfen;
4. rohe Felle, Hörner, Knochen und Elfenbein;
5. natürlicher und künstlicher Dünger, mit Einschluß der für die Landwirtschaft verwendbaren Nitrate und Phosphate;
6. Erze[2];
7. Erde, Ton, Kalk, Kreide, Steine mit Einschluß des Marmors, Ziegelsteine, Schiefer und Dachziegel;

---

[1]) Dieser Artikel enthält eine sogenannte „Freiliste". Damit soll jedoch nicht gesagt sein, daß alle darin nicht aufgezählten Gegenstände als Konterbande erklärt werden dürfen. Vgl. Artikel 27.

[2]) Erzeugnisse des Bergbaues, die zur Gewinnung von Metallen dienen.

8. Porzellan- und Glaswaren;
9. Papier und die zu seiner Herstellung zubereiteten Stoffe;
10. Seife, Farbe, mit Einschluß der ausschließlich[1]) zu ihrer Herstellung bestimmten Materialien, und Firnis;
11. Chlorkalk, Soda, Ätznatron, schwefelsaures Natron in Kuchen, Ammoniak, schwefelsaures Ammoniak und Kupfervitriol;
12. Maschinen für Landwirtschaft, für Bergbau, für Textilindustrie und für Buchdruckerei;
13. Edelsteine, Halbedelsteine, Perlen, Perlmutter und Korallen;
14. Turm- und Wanduhren, Standuhren und Taschenuhren außer Chronometern;
15. Mode- und Galanteriewaren[2]);
16. Federn jeder Art, Haare und Borsten[3]);
17. Gegenstände zur Wohnungseinrichtung und zum Wohnungsschmucke[4]); Bureaumöbel und Bureaubedarf.

29. Als Kriegskonterbande können ferner nicht angesehen werden:

1. Gegenstände und Stoffe, die ausschließlich zur Pflege der Kranken und Verwundeten dienen, jedoch mit der Maßgabe, daß sie im

---

1) Beachte: „ausschließlich".
2) Sogenannte „articles de Paris".
3) Z. B. von Schweinen und Wildschweinen.
4) Z. B. Teppiche und Matten.

Falle gewichtiger militärischer Erfordernisse gegen Entschädigung angefordert werden können, wenn sie die im Artikel 30 vorgesehene Bestimmung haben;

2. Gegenstände und Stoffe, die zum Gebrauche des Schiffes, wo sie vorgefunden werden, oder zum Gebrauche der Besatzung oder der Passagiere dieses Schiffes[1]) während der Reise bestimmt sind.

30. Die Gegenstände der absoluten Konterbande unterliegen der Beschlagnahme, wenn bewiesen wird, daß ihre Bestimmung das feindliche oder vom Feinde besetzte Gebiet oder die feindliche Streitmacht ist. Es macht keinen Unterschied, ob die Zuführung dieser Gegenstände unmittelbar erfolgt, oder ob sie noch eine Umladung oder eine Beförderung zu Lande erfordert[2]).

31. Der Beweis für die im Artikel 30 vorgesehene Bestimmung ist in folgenden Fällen endgültig erbracht:

1. wenn die Ware nach den Urkunden in einem feindlichen Hafen ausgeladen oder der feindlichen Streitmacht geliefert werden soll;
2. wenn das Schiff nur feindliche Häfen anlaufen soll oder wenn es einen feindlichen

---

[1]) Z. B. Waffen zur Verteidigung gegen Seeräuber.

[2]) Damit ist der Grundsatz von der einheitlichen Reise für die absolute Konterbande anerkannt.

Hafen berühren oder zu der feindlichen Streitmacht stoßen soll, bevor es den neutralen Hafen erreicht, wohin die Ware urkundlich bestimmt ist.

32. Die Schiffspapiere begründen vollen Beweis in Ansehung der Fahrt des Schiffes, das absolute Konterbande an Bord hat, es sei denn, daß beim Antreffen des Schiffes dieses offenbar von der nach den Schiffspapieren einzuhaltenden Fahrt abgewichen ist und keinen hinreichenden Grund für diese Abweichung nachzuweisen vermag.

33. Die Gegenstände der relativen Konterbande unterliegen der Beschlagnahme, wenn bewiesen wird, daß sie für den Gebrauch der Streitmacht oder der Verwaltungsstellen[1]) des feindlichen Staates bestimmt sind, es sei denn, daß im letzteren Falle nach Ausweis der Umstände diese Gegenstände tatsächlich nicht für den derzeitigen Krieg benutzt werden können; der letzte Vorbehalt findet auf die im Artikel 24 Nr. 4 bezeichneten Sendungen keine Anwendung.

34. Die im Artikel 33 vorgesehene Bestimmung wird vermutet, wenn die Sendung an die feindlichen Behörden oder an einen im feindlichen Lande ansässigen Händler gerichtet ist, von dem es feststeht, daß er dem Feinde Gegenstände und

---

[1]) Hierunter sind nicht die örtlichen oder kommunalen Verwaltungen zu verstehen.

Stoffe dieser Art liefert. Das Gleiche gilt für eine Sendung, die nach einem befestigten Platze des Feindes oder nach einem anderen der feindlichen Streitmacht als Basis dienenden Platze bestimmt ist; diese Vermutung findet jedoch keine Anwendung auf das Kauffahrteischiff selbst, das nach einem dieser Plätze fährt und dessen Eigenschaft als Konterbande bewiesen werden soll.

Treffen die vorstehenden Vermutungen nicht zu, so wird vermutet, daß die Bestimmung unschädlich ist.

Die in diesem Artikel aufgestellten Vermutungen lassen den Beweis des Gegenteils zu.

35. Die Gegenstände der relativen Konterbande unterliegen der Beschlagnahme nur auf einem Schiffe, das sich auf der Fahrt nach dem feindlichen oder vom Feinde besetzten Gebiet oder zur feindlichen Streitmacht befindet und das diese Gegenstände nicht in einem neutralen Zwischenhafen ausladen soll[1]).

Die Schiffspapiere begründen vollen Beweis in Ansehung der Fahrt des Schiffes sowie des Ortes der Ausladung der Waren, es sei denn, daß beim Antreffen des Schiffes dieses offenbar von der nach den Schiffspapieren einzuhaltenden Fahrt abgewichen ist und keinen hinreichenden

---

[1]) Bezüglich der relativen Konterbande ist also die Lehre von der einheitlichen Reise beseitigt.

Grund für diese Abweichung nachzuweisen vermag[1]).

36. Hat das feindliche Gebiet keine Seegrenze, so unterliegen die Gegenstände der relativen Konterbande, abweichend vom Artikel 35, der Beschlagnahme, sofern bewiesen wird, daß sie die im Artikel 33 vorgesehene Bestimmung haben.

37. Befördert ein Schiff Gegenstände, die der Beschlagnahme als absolute oder relative Konterbande unterliegen, so kann es auf hoher See oder in den Gewässern der Kriegführenden während der ganzen Dauer seiner Reise beschlagnahmt werden, selbst wenn es die Absicht hat, einen Zwischenhafen anzulaufen, bevor es die feindliche Bestimmung erreicht.

38. Auf Grund einer früher ausgeführten, aber bereits vollendeten Beförderung von Konterbande kann eine Beschlagnahme nicht bewirkt werden.

39. Die Gegenstände der Konterbande unterliegen der Einziehung.

40. Die Einziehung des die Konterbande befördernden Schiffes ist zulässig, wenn die Konterbande nach Wert, Gewicht, Umfang oder Fracht mehr als die Hälfte der Ladung ausmacht.

41. Wird das die Konterbande befördernde Schiff freigelassen, so fallen die der nehmenden

---

[1]) Oder wenn die Unrichtigkeit der Angaben der Schiffspapiere durch Tatsachen dargetan wird.

Kriegsmacht durch das Verfahren vor der nationalen Prisengerichtsbarkeit sowie durch die Erhaltung von Schiff und Ladung während der Untersuchung erwachsenen Kosten[1]) dem Schiffe zur Last.

42. Die dem Eigentümer der Konterbande gehörenden Waren[2]), die sich an Bord desselben Schiffes befinden, unterliegen der Einziehung.

43[3]). Wird ein Schiff auf See angetroffen, das sich in Unkenntnis der Feindseligkeiten oder der auf seine Ladung anwendbaren Konterbandeerklärung befindet, so können die Gegenstände der Konterbande nur gegen Entschädigung eingezogen werden; das Schiff und der Rest der Ladung sind von der Einziehung sowie von den im Artikel 41 vorgesehenen Kosten befreit. Das Gleiche gilt, wenn der Kapitän von dem Beginne der Feindseligkeiten oder von der Konterbandeerklärung Kenntnis erlangt hat, die Gegenstände der Konterbande aber noch nicht hat ausladen können.

Daß das Schiff den Kriegszustand oder die Konterbandeerklärung kennt, wird angenommen, wenn es einen neutralen Hafen nach Ablauf an-

---

[1]) Ev. die Kosten des Unterhalts der Besatzung des weggenommenen Schiffes.

[2]) Auch die nicht verbotenen Waren.

[3]) Vgl. Artikel 3 des Abkommens über die Behandlung der feindlichen Kauffahrteischiffe beim Ausbruche der Feindseligkeiten.

gemessener Zeit seit Bekanntgabe des Beginns der Feindseligkeiten oder der Konterbandeerklärung an die diesen Hafen innehabende Macht verlassen hat. Daß der Kriegszustand dem Schiffe bekannt ist, wird auch angenommen, wenn es einen feindlichen Hafen nach Beginn der Feindseligkeiten verlassen hat.

44. Ein wegen Konterbande angehaltenes Schiff, das mit Rücksicht auf das Mengenverhältnis der Konterbande nicht der Einziehung unterliegt, kann je nach den Umständen zur Fortsetzung der Fahrt ermächtigt werden, wenn der Kapitän bereit ist, die Konterbande dem Schiffe des Kriegführenden zu überliefern[1]).

Die Übergabe der Konterbande wird von dem nehmenden Kriegsschiff in dem Tagebuche des angehaltenen Schiffes vermerkt; der Kapitän dieses Schiffes hat dem nehmenden Kriegsschiffe beglaubigte Abschrift aller zweckdienlichen Papiere zu übergeben.

Das nehmende Kriegsschiff ist befugt, die ihm so überlieferte Konterbande zu zerstören.

Drittes Kapitel.

Neutralitätswidrige Unterstützung.

45. Ein neutrales Schiff wird eingezogen und unterliegt überhaupt der Behandlung, die ein

[1]) In keinem Falle ist jedoch der Kreuzer zur Übernahme der Konterbande verpflichtet.

neutrales, der Einziehung wegen Kriegskonterbande unterworfenes Schiff erfahren würde[1]):

1. falls es die Reise eigens zum Zwecke der Beförderung einzelner in die feindliche Streitmacht eingereihter[2]) Personen oder zur Nachrichtenbeförderung im Interesse des Feindes ausführt;
2. falls es mit Wissen des Eigentümers, des Charterers oder des Kapitäns eine geschlossene feindliche Truppenabteilung oder eine oder mehrere Personen, die während der Fahrt die Operationen des Feindes unmittelbar unterstützen, an Bord hat[3]).

In den unter den vorstehenden Nummern bezeichneten Fällen unterliegen die dem Eigentümer des Schiffes gehörenden Waren gleichfalls der Einziehung.

Die Bestimmungen dieses Artikels finden keine Anwendung, wenn das Schiff zu der Zeit, wo es auf See betroffen wird, von den Feindseligkeiten keine Kenntnis hat oder wenn der Kapitän von dem Beginne der Feindseligkeiten Kenntnis erlangt hat, die beförderten Personen aber noch nicht hat

---

[1]) Insbesondere dürfen diese Schiffe nur unter den Voraussetzungen zerstört werden, die für neutrale Schiffe gelten. Vgl. Artikel 48—54.

[2]) Die bereits zu ihrem Truppenteil gestoßen sind.

[3]) Falls es sich um einen ständigen Dienst des Schiffes handelt, siehe Artikel 46 Abs. 1 Nr. 4.

ausschiffen können. Daß das Schiff den Kriegszustand kennt, wird angenommen, wenn es einen feindlichen Hafen nach Beginn der Feindseligkeiten oder einen neutralen Hafen nach Ablauf angemessener Zeit seit Bekanntgabe des Beginns der Feindseligkeiten an die diesen Hafen innehabende Macht verlassen hat.

46[1]. Ein neutrales Schiff wird eingezogen und unterliegt überhaupt der Behandlung, die es als feindliches Kauffahrteischiff erfahren würde:

1. falls es sich unmittelbar an den Feindseligkeiten beteiligt;
2. falls es sich unter dem Befehl oder unter der Aufsicht eines von der feindlichen Regierung an Bord gesetzten Agenten befindet;
3. falls es von der feindlichen Regierung gechartert ist;
4. falls es derzeit ausschließlich zur Beförderung feindlicher Truppen oder zur Nachrichtenbeförderung im Interesse des Feindes bestimmt ist.

In den in diesem Artikel bezeichneten Fällen unterliegen die dem Eigentümer des Schiffes gehörenden Waren gleichfalls der Einziehung.

47. Jede in die feindliche Streitmacht eingereihte Person, die an Bord eines neutralen

---

[1]) Hier handelt es sich im Gegensatze zu Artikel 45 um die schwereren Fälle der Neutralitätsverletzung.

Kauffahrteischiffes betroffen wird, kann zum Kriegsgefangenen gemacht werden, auch wenn dieses Schiff der Beschlagnahme nicht unterliegt.

Viertes Kapitel.

Zerstörung neutraler Prisen.

48. Ein beschlagnahmtes neutrales Schiff darf von der nehmenden Kriegsmacht nicht zerstört, sondern muß in einen Hafen gebracht werden, wo gehörig über die Rechtmäßigkeit der Wegnahme entschieden werden kann.

49. Ausnahmsweise darf ein von einem Schiffe des Kriegführenden beschlagnahmtes neutrales Schiff, das der Einziehung unterliegen würde, zerstört werden, wenn die Befolgung des Artikel 48 das Kriegsschiff einer Gefahr aussetzen oder den Erfolg der Operationen, worin es derzeit begriffen ist, beeinträchtigen könnte.

50. Vor der Zerstörung müssen die an Bord befindlichen Personen in Sicherheit gebracht, auch sämtliche Schiffspapiere und sonstigen Beweisstücke, die nach Ansicht der Beteiligten für die Entscheidung über die Rechtmäßigkeit der Wegnahme von Wert sind, auf das Kriegsschiff herübergenommen werden.

51. Die nehmende Kriegsmacht, die ein neutrales Schiff zerstört hat, muß vor jeder Entscheidung über die Rechtmäßigkeit der Wegnahme den tat-

sächlichen Nachweis führen, daß sie nur ausnahmsweise angesichts einer Notwendigkeit der im Artikel 49 bezeichneten Art gehandelt hat. Führt sie diesen Nachweis nicht, so ist sie gegenüber den Beteiligten zum Schadensersatze verpflichtet, ohne daß es einer Untersuchung darüber bedarf, ob die Wegnahme rechtmäßig war oder nicht[1]).

52. Wird die Wegnahme eines neutralen Schiffes, dessen Zerstörung gerechtfertigt worden ist, später für nichtig erklärt, so muß die nehmende Kriegsmacht den Beteiligten an Stelle der von ihnen zu beanspruchenden Rückgabe Schadensersatz leisten.

53. Sind neutrale Waren, die der Einziehung nicht unterlagen, mit dem Schiffe zerstört worden[2]), so hat der Eigentümer dieser Waren Anspruch auf Schadensersatz.

54. Das nehmende Kriegsschiff kann die Übergabe einziehbarer Waren, die an Bord eines der

---

[1]) Bemerkenswert ist, daß der Rekurs an den Internationalen Prisenhof erst eingelegt werden kann, wenn eine Entscheidung des Prisengerichtes über die Rechtmäßigkeit der Wegnahme ergangen ist, nicht aber schon nach Entscheidung der Vorfrage, ob der nehmenden Kriegsmacht der Beweis gelungen ist, daß sie nur ausnahmsweise angesichts einer Notwendigkeit der im Artikel 49 bezeichneten Art gehandelt hat.

[2]) Gleichgültig, ob die Wegnahme berechtigt war oder nicht.

Einziehung selbst nicht unterliegenden Schiffes gefunden werden, verlangen oder zu ihrer Zerstörung schreiten, wenn solche Umstände vorliegen, die nach Artikel 49 die Zerstörung eines der Einziehung unterliegenden Schiffes rechtfertigen würden. Es hat die überlieferten oder zerstörten Gegenstände in dem Tagebuche des angehaltenen Schiffes zu vermerken und sich von dem Kapitän beglaubigte Abschrift aller zweckdienlichen Papiere übergeben zu lassen. Sobald die Übergabe oder die Zerstörung erfolgt ist und die Förmlichkeiten erledigt sind, muß dem Kapitän die Fortsetzung seiner Fahrt gestattet werden.

Die Bestimmungen der Artikel 51, 52 über die Verantwortlichkeit der nehmenden Kriegsmacht, die ein neutrales Schiff zerstört hat, finden Anwendung.

Fünftes Kapitel.

Flaggenwechsel.

55. Der vor Beginn der Feindseligkeiten[1]) herbeigeführte Übergang eines feindlichen Schiffes zur neutralen Flagge ist gültig, falls nicht bewiesen wird, daß dieser Übergang herbeigeführt worden ist, um den mit der Eigenschaft eines feindlichen Schiffes verbundenen Folgen zu ent-

---

[1]) Artikel 56 behandelt den Übergang nach Beginn der Feindseligkeiten.

gehen. Indes spricht die Vermutung für die Richtigkeit[1]), sofern sich die Übertragungsurkunde nicht an Bord befindet und das Schiff die Nationalität des Kriegführenden weniger als sechzig Tage vor Beginn der Feindseligkeiten verloren hat; der Gegenbeweis ist zulässig.

Eine unwiderlegliche Vermutung spricht für die Gültigkeit eines Überganges, der mehr als dreißig Tage vor Beginn der Feindseligkeiten herbeigeführt worden ist, wenn er unbedingt und vollständig ist, der Gesetzgebung der beteiligten Länder entspricht und zur Folge hat, daß die Verfügung über das Schiff und der Gewinn aus seiner Verwendung nicht in denselben Händen wie vor dem Übergange bleiben. Hat jedoch das Schiff die Nationalität des Kriegführenden weniger als sechzig Tage vor Beginn der Feindseligkeiten verloren und befindet sich die Übertragungsurkunde nicht an Bord, so kann die Beschlagnahme des Schiffes nicht zum Schadensersatz Anlaß geben.

56. Der nach Beginn der Feindseligkeiten herbeigeführte Übergang eines feindlichen Schiffes zur neutralen Flagge ist nichtig, falls nicht bewiesen wird, daß dieser Übergang nicht herbeigeführt worden ist, um den mit der Eigenschaft eines feindlichen Schiffes verbundenen Folgen zu entgehen.

---

1) Natürlich ist der Gegenbeweis zulässig.

Jedoch spricht eine unwiderlegliche Vermutung für die Nichtigkeit:

1. wenn der Übergang herbeigeführt worden ist, während sich das Schiff auf der Reise oder in einem blockierten Hafen befand;
2. wenn ein Rückkaufsrecht oder Rückfallsrecht vorbehalten ist;
3. wenn die Bedingungen nicht erfüllt worden sind, von denen das Flaggenrecht nach der Gesetzgebung der geführten Flagge abhängt[1].

Sechstes Kapitel.

Feindliche Eigenschaft.

57. Vorbehaltlich der Bestimmungen über den Flaggenwechsel wird die neutrale oder feindliche Eigenschaft eines Schiffes durch die Flagge bestimmt, zu deren Führung es berechtigt ist.

Der Fall, wo ein neutrales Schiff eine ihm in Friedenszeiten nicht gestattete Schiffahrt betreibt, bleibt außer Betracht und wird durch diese Regel in keiner Weise berührt.

58. Die neutrale oder feindliche Eigenschaft der an Bord eines feindlichen Schiffes vorgefundenen

[1] Man hatte noch für einen vierten Fall eine unwiderlegliche Vermutung aufstellen wollen, wenn nämlich das Schiff nach dem Übergang weiter in demselben Dienste und in derselben Fahrt verwendet wird. Dieser Fall wurde jedoch nicht angenommen, so daß der Übergang hier unter die allgemeine Regel fällt.

Waren wird durch die neutrale oder feindliche Eigenschaft des Eigentümers[1]) bestimmt.

59. Ist die neutrale Eigenschaft der an Bord eines feindlichen Schiffes vorgefundenen Ware nicht nachgewiesen, so wird vermutet[2]), daß die Ware feindlich ist.

60. Die feindliche Eigenschaft der an Bord eines feindlichen Schiffes verladenen Ware bleibt bis zur Ankunft am Bestimmungsorte bestehen, ungeachtet eines im Verlaufe der Beförderung nach Beginn der Feindseligkeiten eingetretenen Eigentumswechsels.

Übt jedoch vor der Wegnahme im Falle des Konkurses des derzeitigen feindlichen Eigentümers ein früherer neutraler Eigentümer ein gesetzliches Rückforderungsrecht in Ansehung der Ware aus, so nimmt diese die neutrale Eigenschaft wieder an.

Siebentes Kapitel.

Geleit.

61. Neutrale Schiffe unter dem Geleit ihrer Kriegsflagge sind von der Durchsuchung befreit. Der Kommandant des Geleitschiffs hat dem Kommandanten des Kriegsschiffs eines Kriegführenden

---

[1]) Ob die neutrale oder feindliche Eigenschaft des Eigentümers nach dem Wohnsitze oder der Staatsangehörigkeit zu entscheiden sei, ist nicht festgesetzt worden.

[2]) Das nehmende Schiff hat trotzdem die feindliche Eigenschaft zu beweisen.

auf sein Ersuchen über die Eigenschaft der Schiffe und über ihre Ladung schriftlich jede Auskunft zu geben, zu deren Erlangung die Durchsuchung dienen würde.

62. Hat der Kommandant des Kriegsschiffs eines Kriegführenden Ursache, anzunehmen, daß der Kommandant des Geleitschiffs getäuscht worden ist, so teilt er ihm seine Verdachtsgründe mit. In diesem Falle steht es allein dem Kommandanten des Geleitschiffs zu, eine Nachprüfung vorzunehmen [1]). Er muß das Ergebnis der Nachprüfung in einem Protokolle feststellen, das in Abschrift dem Offizier des Kriegsschiffs zu übergeben ist. Rechtfertigen die so festgestellten Tatsachen nach Ansicht des Kommandanten des Geleitschiffs [2]) die Beschlagnahme eines oder mehrerer Schiffe, so muß diesen der Schutz des Geleits entzogen werden.

Achtes Kapitel.

Widerstand gegen die Durchsuchung.

63. Der gewaltsame Widerstand [3]) gegen die rechtmäßige Ausübung des Anhaltungs-, Durch-

---

[1]) Ob er dabei den Kommandanten des Kriegsschiffs zuziehen will, kann er frei entscheiden.

[2]) Entstehen zwischen den beiden Offizieren Meinungsverschiedenheiten, ob die Beschlagnahme gerechtfertigt ist, so entscheidet die Ansicht des Kommandanten des Geleitschiffes, und die Schwierigkeit ist ev. diplomatisch zu regeln.

[3]) Die bloße Flucht des Schiffes gibt dem Kriegsschiffe lediglich die Berechtigung zur Anwendung von

suchungs- oder Beschlagnahmerechts hat in allen Fällen die Einziehung des Schiffes zur Folge. Die Ladung unterliegt derselben Behandlung[1]), welche die Ladung eines feindlichen Schiffes erfahren würde; die dem Kapitän oder dem Eigentümer des Schiffes gehörenden Waren werden als feindliche Waren angesehen.

Neuntes Kapitel.

Schadensersatz.

64. Wird die Beschlagnahme des Schiffes oder der Waren von der Prisengerichtsbarkeit nicht bestätigt oder wird sie ohne gerichtliches Verfahren aufgehoben, so haben die Beteiligten Anspruch auf Schadensersatz[2]), es sei denn, daß ausreichende

---

Gewalt. Das flüchtige Schiff hat sich dann alle ev. Folgen selbst zuzuschreiben.

1) Es gilt also die Vermutung, daß die Ware feindlich ist.

2) Bezüglich der Frage, durch wen die Festsetzung der — nach billigem Ermessen zuzusprechenden — Entschädigung erfolgt, muß man unterscheiden:

1. Die Tätigkeit des Kriegführenden hat sich auf eine Beschlagnahme beschränkt, also die Freilassung des Schiffes erfolgte auf diplomatischem Wege. Dann kommt es darauf an, ob die Prisengerichte zur Zusprechung einer Entschädigung für diesen Fall zuständig sind. In den Ländern, für die diese Frage bejaht werden muß, entscheiden die Prisengerichte; nach Artikel 1 des Prisenabkommens ist dabei keine Berufung an das internatio-

Gründe für die Beschlagnahme des Schiffes oder der Waren vorgelegen haben[1]).

Schlußbestimmungen.

65. Die Bestimmungen dieser Erklärung bilden ein unteilbares Ganzes[2]).

66. Die Signatarmächte verpflichten sich, im Falle eines Krieges, in dem alle Kriegführenden an dieser Erklärung beteiligt sind, die gegenseitige Beachtung der in der Erklärung enthaltenen Regeln untereinander sicherzustellen. Sie werden demgemäß ihren Behörden und ihren Streitkräften die nötigen Verhaltungsmaßregeln geben[3]), auch

---

nale Prisengericht möglich. Anderenfalls wird die Entschädigung auf diplomatischem Wege festgesetzt.

2. Die Tätigkeit des Kriegführenden hat sich nicht auf eine Beschlagnahme beschränkt; dann entscheiden die nationalen Prisengerichte nicht nur über die Rechtmäßigkeit der Wegnahme, sondern auch über die Entschädigungsfrage. Gegen diese Entscheidung der nationalen Prisengerichte gibt es Rekurs an den internationalen Prisenhof.

[1]) Wenn z. B. der Kapitän, eine Person der Besatzung oder ein Reisender die Schiffspapiere sämtlich oder teilweise vernichtet hat, oder wenn an Bord doppelte, falsche oder verfälschte Papiere vorgefunden werden und diese Unregelmäßigkeit mit Umständen zusammenhängt, die für die Beschlagnahme des Schiffes von Bedeutung sein können.

[2]) Vorbehalte sind daher nicht gestattet.

[3]) Auch als neutrale Mächte, z. B. den Kommandanten der Geleitschiffe.

die geeigneten Maßnahmen treffen, um die Anwendung der Erklärung durch ihre Gerichte, insbesondere durch ihre Prisengerichte, zu verbürgen.

67. Diese Erklärung soll möglichst bald ratifiziert werden.

Die Ratifikationsurkunden sollen in London hinterlegt werden.

Die erste Hinterlegung von Ratifikationsurkunden wird durch ein Protokoll festgestellt, das von den Vertretern der daran teilnehmenden Mächte und von dem Ersten Staatssekretär Seiner Britischen Majestät im Auswärtigen Amte unterzeichnet wird.

Die späteren Hinterlegungen von Ratifikationsurkunden erfolgen mittels einer schriftlichen an die Britische Regierung gerichteten Anzeige, der die Ratifikationsurkunde beizufügen ist.

Beglaubigte Abschrift des Protokolls über die erste Hinterlegung von Ratifikationsurkunden, der im vorstehenden Absatz erwähnten Anzeigen sowie der ihnen beigefügten Ratifikationsurkunden wird durch die Britische Regierung den Signatarmächten auf diplomatischem Wege unverzüglich mitgeteilt werden. In den Fällen des vorstehenden Absatzes wird die bezeichnete Regierung ihnen zugleich bekanntgeben, an welchem Tage sie die Anzeige erhalten hat.

68. Diese Erklärung wird wirksam für die Mächte, die an der ersten Hinterlegung von

Ratifikationsurkunden teilgenommen haben, sechzig Tage nach dem Tage, an dem das Protokoll über diese Hinterlegung aufgenommen ist, und für die später ratifizierenden Mächte sechzig Tage, nachdem die Britische Regierung die Anzeige von ihrer Ratifikation erhalten hat.

69. Sollte eine der Signatarmächte diese Erklärung kündigen wollen, so kann sie dies nur tun für den Schluß eines Zeitraums von zwölf Jahren, der sechzig Tage nach der ersten Hinterlegung von Ratifikationsurkunden zu laufen beginnt, und später für den Schluß einander folgender Zeiträume von sechs Jahren, deren erster mit Ablauf des zwölfjährigen Zeitraums beginnt.

Die Kündigung muß wenigstens ein Jahr vorher schriftlich der Britischen Regierung erklärt werden, die hiervon allen anderen Mächten Kenntnis geben wird. Sie soll nur in Ansehung der Macht wirksam sein, die sie erklärt hat.

70. Die Mächte, die auf der Londoner Seekriegsrechts-Konferenz vertreten sind, legen besonderen Wert auf die allgemeine Anerkennung der von ihnen angenommenen Regeln und sprechen daher die Hoffnung aus, daß die dort nicht vertretenen Mächte dieser Erklärung beitreten werden. Sie bitten die Britische Regierung, diese Mächte hierzu einladen zu wollen.

Die Macht, die beizutreten wünscht, hat ihre Absicht der Britischen Regierung schriftlich anzuzeigen und ihr dabei die Beitrittsurkunde zu übersenden, die im Archive der bezeichneten Regierung hinterlegt werden wird.

Diese Regierung wird unverzüglich allen anderen Mächten beglaubigte Abschrift der Anzeige wie der Beitrittsurkunde übersenden und zugleich angeben, an welchem Tage sie die Anzeige erhalten hat. Der Beitritt wird sechzig Tage nach diesem Tage wirksam.

Die Stellung der beitretenden Mächte wird in allem, was diese Erklärung anlangt, dieselbe sein, wie die der Signatarmächte.

71. Diese Erklärung, die das Datum des 26. Februar 1909 tragen wird, kann bis zum 30. Juni 1909 in London von den Bevollmächtigten der auf der Seekriegsrechts-Konferenz vertretenen Mächte unterzeichnet werden[1]).

---

[1]) Die Erklärung ist von den bevollmächtigten Delegierten aller Konferenzstaaten unterzeichnet worden. Ihre Ratifikation wird vor allem deswegen noch einige Zeit in Anspruch nehmen, weil hierzu in verschiedenen Staaten noch gesetzgeberische Maßnahmen erforderlich sind.

XVI. Anhang.

Die Genfer Konvention.

Abkommen zur Verbesserung des Loses der Verwundeten und Kranken bei den im Felde stehenden Heeren.

Vom 6. Juli 1906 (RGBl. 1907, Nr. 25, S. 279).

I. Dieses Abkommen ist von Österreich-Ungarn, Belgien und dem Kongostaat, Brasilien, Dänemark, Deutschland, Großbritannien (unter Vorbehalt der Artikel 23, 27, 28), Italien, Japan und Korea, Luxemburg, Mexiko, Rußland, Siam, Spanien, Schweiz und den Vereinigten Staaten von Amerika ratifiziert worden.

II. Beigetreten sind Columbia, Cuba, Nicaragua, Türkei und Venezuela.

III. Für alle anderen Staaten — außer den auf S. 29 genannten — gilt das Abkommen von 1864 weiter.

Erstes Kapitel.

Verwundete und Kranke.

1. Militärpersonen und andere den Heeren dienstlich beigegebene Personen, die verwundet oder krank sind, sollen ohne Unterschied der Staatsangehörigkeit von der Kriegspartei, in deren Händen sie sich befinden, geachtet und versorgt werden.

Indessen soll die Kriegspartei, die gezwungen ist, Kranke oder Verwundete dem Gegner zu überlassen, soweit es die Kriegslage gestattet, einen Teil ihres Sanitätspersonals und ihrer Sanitätsausrüstung zurücklassen, um zu deren Versorgung beizutragen.

2. Unbeschadet der nach Maßgabe des vorstehenden Artikels zu leistenden Fürsorge sind Verwundete und Kranke eines Heeres, die in die Hände der anderen Kriegspartei gefallen sind, Kriegsgefangene; die allgemeinen völkerrechtlichen Regeln über Kriegsgefangene finden auf sie Anwendung.

Indessen steht es den Kriegsparteien frei, in Ansehung der verwundeten und kranken Gefangenen solche Ausnahme- oder Vorzugsbestimmungen unter sich zu vereinbaren, wie sie für zweckmäßig erachten; sie sollen insbesondere verabreden können:

sich nach einem Kampfe die auf dem Schlachtfelde gebliebenen Verwundeten gegenseitig zurückzugeben,

die Verwundeten und Kranken, die sie nicht als Gefangene zurückbehalten wollen, nachdem sie sie in beförderungsfähigen Zustand versetzt haben oder nach ihrer Heilung, in ihre Heimat zurückzuschicken,

Verwundete und Kranke der Gegenpartei einem neutralen Staate zu übergeben, wenn dieser hiermit einverstanden ist und sich verpflichtet, sie bis zum Ende der Feindseligkeiten zu internieren.

3. Nach jedem Kampfe soll die das Schlachtfeld behauptende Partei Maßnahmen treffen, um die Verwundeten aufzusuchen und sie, ebenso wie die Gefallenen, gegen Beraubung und schlechte Behandlung zu schützen.

Sie soll darüber wachen, daß der Beerdigung oder Verbrennung der Gefallenen eine sorgfältige Leichenschau vorangeht.

4. Jede Kriegspartei soll sobald als möglich die bei den Gefallenen aufgefundenen militärischen Erkennungsmarken und Beweisstücke der Identität sowie ein Namensverzeichnis der von ihr aufgenommenen Verwundeten und Kranken deren Landesbehörden oder den Dienstbehörden ihres Heeres übermitteln.

Die Kriegsparteien sollen sich über die Unterbringung von Kranken und Verwundeten, die sich in ihrer Gewalt befinden, und den Wechsel in der Unterbringung sowie über die Aufnahme in die Lazarette und die vorkommenden Sterbefälle gegenseitig auf dem Laufenden halten. Sie sollen alle zum persönlichen Gebrauche bestimmten Gegenstände, Wertsachen, Briefe usw., die auf dem Schlachtfelde gefunden oder von den in Sanitätsanstalten und -formationen sterbenden Verwundeten und Kranken hinterlassen werden, sammeln, um sie durch deren Landesbehörden den Berechtigten übermitteln zu lassen.

5. Die Militärbehörde kann den Wohltätigkeitssinn der Einwohner anrufen, damit sie unter ihrer (der Militärbehörde) Aufsicht Verwundete und Kranke der Heere aufnehmen und versorgen, unter Gewährung besonderen Schutzes und bestimmter Vergünstigungen an die Personen, die ihrem Aufrufe nachkommen.

Zweites Kapitel.

Sanitätsformationen und Sanitätsanstalten.

6. Die beweglichen Sanitätsformationen (d. h. solche, die zur Begleitung der Heere im Felde bestimmt sind) und stehende Anstalten des Sanitätsdienstes sollen von den Kriegsparteien geachtet und geschützt werden.

7. Der den Sanitätsformationen und -anstalten gebührende Schutz hört auf, wenn sie dazu verwendet werden, dem Feinde zu schaden.

8. Als geeignet, um für eine Sanitätsformation oder -anstalt den Verlust des durch Artikel 6 gewährleisteten Schutzes zu begründen, sollen nicht gelten:

1. die Tatsache, daß das Personal der Formation oder der Anstalt bewaffnet ist und sich seiner Waffen zum Selbstschutz oder zum

Schutze seiner Kranken und Verwundeten bedient;

2. die Tatsache, daß die Formation oder die Anstalt in Ermangelung bewaffneten Krankenpflegepersonals von einer militärischen Abteilung oder von Wachtposten bewacht wird, die mit einem regelrechten dienstlichen Auftrage versehen sind;

3. die Tatsache, daß in der Formation oder der Anstalt Waffen und Munition gefunden werden, die den Verwundeten abgenommen, aber noch nicht der zuständigen Dienststelle abgeliefert worden sind.

Drittes Kapitel.

Das Personal.

9. Das ausschließlich zur Bergung, zur Beförderung und zur Behandlung von Verwundeten und Kranken sowie zur Verwaltung von Sanitätsformationen und -anstalten bestimmte Personal und die den Heeren beigegebenen Feldprediger sollen unter allen Umständen geachtet und geschützt werden; wenn sie in die Hände des Feindes fallen, dürfen sie nicht als Kriegsgefangene behandelt werden.

Diese Bestimmungen kommen in dem im Artikel 8 Nr. 2 vorgesehenen Falle auf die Wachtmannschaft der Sanitätsformationen und -anstalten zur Anwendung.

10. Dem im vorstehenden Artikel erwähnten Personale wird das Personal der von ihrer Regierung in gehöriger Form anerkannten und ermächtigten freiwilligen Hilfsgesellschaften, das in den Sanitätsformationen und -anstalten der Heere verwendet wird, gleichgestellt mit dem Vorbehalte, daß dies Personal den militärischen Gesetzen und Verordnungen untersteht.

Jeder Staat soll dem anderen entweder schon in Friedenszeiten oder bei Beginn oder im Laufe der Feindseligkeiten, jedenfalls aber vor jeder tatsächlichen Verwendung die Namen der Gesellschaften bekanntgeben, die er ermächtigt hat, unter seiner Verantwortung im amtlichen Sanitätsdienste seines Heeres mitzuwirken.

11. Eine anerkannte Gesellschaft eines neutralen Staates darf ihr Personal und ihre Sanitätsformationen bei einer Kriegspartei nur mit vorgängiger Einwilligung ihrer eigenen Regierung und mit Ermächtigung der Kriegspartei selbst mitwirken lassen.

Die Kriegspartei, welche die Hilfe annimmt, ist verpflichtet, solches vor jeder Verwendung dem Feinde bekanntzumachen.

12. Wenn die in den Artikeln 9, 10, 11 bezeichneten Personen in die Hände des Feindes gefallen sind, sollen sie ihre Verrichtungen unter dessen Leitung fortsetzen.

Sobald ihre Mitwirkung nicht mehr unentbehrlich ist, sollen sie zu ihrem Heer oder in ihre Heimat zu solcher Zeit und auf solchem Wege, wie sich mit den militärischen Erfordernissen vereinbaren läßt, zurückgeschickt werden.

Sie dürfen in diesem Falle die Habseligkeiten, Instrumente, Waffen und Pferde mit sich nehmen, die ihr Privateigentum sind.

13. Der Feind sichert dem im Artikel 9 bezeichneten Personale, solange es sich in seinen Händen befindet, dieselben Bezüge und dieselbe Löhnung zu wie dem Personale gleichen Dienstgrads des eigenen Heeres.

Viertes Kapitel.

Die Ausrüstung.

14. Die beweglichen Sanitätsformationen sollen, wenn sie in die Hand des Feindes fallen, ihre Ausrüstung mit Einschluß der Bespannung behalten, ohne daß es auf die Art der Beförderungsmittel und des Begleitpersonals ankäme.

Indessen darf die zuständige Militärbehörde davon zur Versorgung der Verwundeten und Kranken Gebrauch machen; die Rückgabe der Ausrüstung soll nach Maßgabe der für das Sanitätspersonal vorgesehenen Regelung und, soweit möglich, zur selben Zeit erfolgen.

15. Die Gebäude und die Ausrüstung der stehenden Sanitätsanstalten bleiben den Kriegs-

gesetzen unterworfen, dürfen aber ihrer Bestimmung nicht entzogen werden, solange sie für Verwundete und Kranke erforderlich sind.

Gleichwohl können die Befehlshaber der Operationstruppen im Falle gewichtiger militärischer Erfordernisse darüber verfügen, wenn sie zuvor den Verbleib der darin untergebrachten Verwundeten und Kranken sichergestellt haben.

16. Die Ausrüstung der Hilfsgesellschaften, denen die Vergünstigungen dieses Abkommens gemäß den darin festgesetzten Bestimmungen zukommen, ist als Privateigentum anzusehen und muß als solches jederzeit geachtet werden, unbeschadet des den Kriegsparteien nach den Gesetzen und Gebräuchen des Krieges anerkanntermaßen zustehenden Rechtes der Inanspruchnahme von Leistungen.

Fünftes Kapitel.

Räumungstransporte.

17. Die Räumungstransporte sollen wie die beweglichen Sanitätsformationen behandelt werden, unbeschadet der folgenden Sonderbestimmungen:

1. Die Kriegspartei, die einen Transport abfängt, kann ihn, wenn militärische Erfordernisse es verlangen, auflösen, indem sie die Sorge für die mitgeführten Kranken und Verwundeten selbst übernimmt.

2. In diesem Falle erstreckt sich die im Artikel 12 vorgesehene Verpflichtung, das Sanitätspersonal zurückzuschicken, auf alle Militärpersonen, die zur Leitung der Beförderung oder der Bewachung des Transports bestellt und mit einem regelrechten dienstlichen Auftrage versehen sind.

Die im Artikel 14 erwähnte Verpflichtung zur Rückgabe der Sanitätsausrüstung bezieht sich auch auf die für Räumungszwecke besonders eingerichteten Eisenbahnzüge und Fahrzeuge der Binnenschiffahrt sowie auf die Ausstattung der zum Sanitätsdienste gehörenden gewöhnlichen Wagen, Eisenbahnzüge und Schiffsfahrzeuge.

Andere Militärfuhrwerke als die des Sanitätsdienstes können samt ihrer Bespannung weggenommen werden.

Das Zivilpersonal und die verschiedenen, aus der Inanspruchnahme von Kriegsleistungen herrührenden Beförderungsmittel mit Einschluß von Eisenbahnmaterial und Schiffen, die für die Transporte verwendet werden, unterstehen den allgemeinen Regeln des Völkerrechts.

Sechstes Kapitel.

Das Abzeichen.

18. Zu Ehren der Schweiz wird das heraldische Abzeichen des roten Kreuzes auf weißem Grunde,

das durch die Umkehrung der eidgenössischen Landesfarben gebildet ist, als Wahrzeichen und Abzeichen des Sanitätsdienstes der Heere beibehalten.

19. Dieses Wahrzeichen wird mit Erlaubnis der zuständigen Militärbehörde auf den Flaggen und Armbinden, sowie auf der gesamten mit dem Sanitätsdienst in Verbindung stehenden Ausrüstung angebracht.

20. Das gemäß Artikel 9 Abs. 1 und Artikel 10, 11 geschützte Personal trägt eine auf dem linken Arme befestigte Binde mit dem roten Kreuze auf weißem Grunde, die von der zuständigen Militärbehörde geliefert und gestempelt wird und der für die dem Sanitätsdienste der Heere zugeteilten Personen, die keine militärische Uniform tragen, ein Ausweis über ihre Person beizugeben ist.

21. Das Flaggenabzeichen dieses Abkommens darf nur bei den Sanitätsformationen und -anstalten, deren Schutz das Abkommen anbefiehlt, und nur mit Zustimmung der Militärbehörde gehißt werden. Daneben soll die Landesflagge der Kriegspartei gesetzt werden, der die Sanitätsformation oder -anstalt untersteht.

Jedoch sollen die Sanitätsformationen, die in die Hände des Feindes gefallen sind, solange sie sich in dieser Lage befinden, keine andere Flagge als die des Roten Kreuzes hissen.

22. Sanitätsformationen neutraler Länder, die unter den im Artikel 11 vorgesehenen Voraussetzungen zur Hilfeleistung ermächtigt sind, müssen neben der Flagge dieses Abkommens die Landesflagge der Kriegspartei hissen, der sie unterstellt sind.

Die Bestimmungen von Artikel 21 Abs. 2 finden auf sie Anwendung.

23. Das Wahrzeichen des roten Kreuzes auf weißem Grunde und die Worte „Rotes Kreuz" oder „Genfer Kreuz" sollen sowohl in Friedens- als auch in Kriegszeiten nur zum Schutze und zur Bezeichnung von Sanitätsformationen und -anstalten, Personal und Ausrüstung, die durch dieses Abkommen geschützt sind, gebraucht werden.

Siebentes Kapitel.

Anwendung und Ausführung des Abkommens.

24. Die Bestimmungen des gegenwärtigen Abkommens sind für die vertragschließenden Mächte nur bindend im Falle eines Krieges zwischen zwei oder mehreren von ihnen. Diese Bestimmungen hören mit dem Augenblick auf verbindlich zu sein, wo eine Macht, die das Abkommen nicht unterzeichnet hat, kriegführende Macht wird.

25. Die Oberbefehlshaber der kriegführenden Heere haben für die Einzelheiten der Ausführung der vorstehenden Artikel und für nicht vorgesehene Fälle gemäß den Weisungen ihrer Regierungen

und im Sinne des gegenwärtigen Abkommens zu sorgen.

26. Die an der Unterzeichnung teilnehmenden Regierungen werden die erforderlichen Maßnahmen treffen, um die Bestimmungen dieses Abkommens ihren Truppen und besonders dem darin geschützten Personale bekanntzumachen und sie zur Kenntnis der Bevölkerung zu bringen.

Achtes Kapitel.

Unterdrückung von Mißbräuchen und von Zuwiderhandlungen.

27. Die an der Unterzeichnung teilnehmenden Regierungen, deren Gesetzgebung zurzeit nicht ausreichend sein sollte, verpflichten sich, die erforderlichen Maßnahmen zu treffen oder ihren gesetzgebenden Körperschaften vorzuschlagen, um jederzeit den Gebrauch des Wahrzeichens oder der Worte „Rotes Kreuz" oder „Genfer Kreuz" durch Privatpersonen oder von seiten anderer als der nach diesem Abkommen berechtigten Gesellschaften, namentlich zu Handelszwecken in Fabrik- oder Handelszeichen zu verhindern.

Das Verbot des Gebrauchs des Wahrzeichens oder der erwähnten Worte soll von dem durch die einzelnen Gesetzgebungen festgesetzten Zeitpunkt an, spätestens aber fünf Jahre nach dem Inkrafttreten dieses Abkommens rechtswirksam werden. Nach diesem Inkrafttreten ist es nicht mehr gestattet, ein gegen das Verbot verstoßendes Fabrik- oder Handelszeichen in Gebrauch zu nehmen[1]).

28. Die an der Unterzeichnung teilnehmenden Regierungen verpflichten sich gleichermaßen, die erforderlichen Maßnahmen zu treffen oder im Falle der Unzulänglichkeit ihrer Militärstrafgesetze ihren gesetzgebenden Körperschaften vorzuschlagen, um in Kriegszeiten die von einzelnen begangenen Handlungen der Beraubung und der schlechten Behandlung von Verwundeten und Kranken der Heere mit Strafe zu belegen sowie um den unbefugten Gebrauch der Flagge oder der Armbinde des Roten Kreuzes durch die von diesem Abkommen nicht geschützten Militär- oder Privatpersonen als Anmaßung militärischer Abzeichen zu bestrafen.

Sie werden sich durch Vermittelung des schweizerischen Bundesrats diese Strafbestimmungen spätestens in fünf Jahren nach der Ratifikation dieses Abkommens gegenseitig mitteilen.

Allgemeine Bestimmungen.

29. Dieses Abkommen soll sobald als möglich ratifiziert werden.

Die Ratifikationsurkunden sollen in Bern hinterlegt werden.

---

[1]) Vgl. für Deutschland das „Gesetz zum Schutze des Genfer Neutralitätszeichens" vom 22. März 1902 (Reichsgesetzblatt 1902 S. 125).

Über die Hinterlegung einer jeden Ratifikationsurkunde soll ein Protokoll aufgenommen werden; von diesem soll eine beglaubigte Abschrift allen Vertragsmächten auf diplomatischem Wege mitgeteilt werden.

30. Dieses Abkommen tritt für jede Macht sechs Monate nach dem Tage der Hinterlegung ihrer Ratifikationsurkunde in Kraft.

31. Dieses Abkommen tritt nach seiner Ratifikation für die Beziehungen zwischen den Vertragsstaaten an Stelle des Abkommens vom 22. August 1864.

Das Abkommen von 1864 bleibt in Kraft für die Beziehungen zwischen den Parteien, die es unterzeichnet haben, die aber das vorliegende Abkommen nicht gleichfalls ratifizieren sollten.

32. Dieses Abkommen kann bis zum 31. Dezember dieses Jahres von den Mächten, die auf der in Genf am 11. Juni 1906 eröffneten Konferenz vertreten waren, sowie von den Mächten unterzeichnet werden, die auf dieser Konferenz nicht vertreten waren, aber das Abkommen von 1864 unterzeichnet haben.

Den vorbezeichneten Mächten, die bis zum 31. Dezember 1906 dies Abkommen nicht unterzeichnet haben, soll der spätere Beitritt dazu freistehen. Sie haben ihren Beitritt durch eine schriftliche Benachrichtigung bekanntzugeben, die an den schweizerischen Bundesrat zu richten und von diesem allen Vertragsmächten mitzuteilen ist.

Andere Mächte können sich in gleicher Form zum Beitritte melden, aber ihre Meldung wird erst wirksam, wenn bei dem schweizerischen Bundesrat innerhalb Jahresfrist von der ihm zugegangenen Benachrichtigung an kein Widerspruch von einer der Vertragsmächte eingegangen ist.

33. Jede Vertragspartei kann dieses Abkommen kündigen. Die Kündigung wird erst ein Jahr nach der schriftlich an den schweizerischen Bundesrat erfolgten Erklärung wirksam werden; der Bundesrat wird die Erklärung unverzüglich allen anderen Vertragsparteien mitteilen.

Diese Kündigung soll nur in Ansehung der Macht wirksam sein, die sie erklärt hat.

Personenregister.

Sachregister.

(Die Zahlen verweisen auf die Seiten.)

A.

B.

C.

D.

E.

F.

G.

H.

J.

K.

L.

M.

N.

O.

P.

R.

T.

U.

V.

W.

Druck von A. W. Hayn's Erben (Curt Gerber), Potsdam.

Kolibri 360 GmbH
Ferdinand-Jühlke-Straße 7
99095 Erfurt, Deutschland
produktsicherheit@kolibri360.de